¡Sssssshhhhhhhhhhh!

Haz del teatro algo íntimo

Llévalo siempre en el bolsillo

Cubierta y diseño editorial: Éride, Diseño Gráfico
Dirección editorial: ángel jiménez
Imagen cubierta: Fernando Corella

Primera edición: mayo, 2025

Miguel Will
José Carlos Somoza
© Imágenes: F. Corella
© VdB, 2025
Espronceda, 5
28003 Madrid

VdB®

ISBN: 979-13-87644-11-6
Depósito Legal: M-11497-2025
Diseño y preimpresión: Éride, Diseño Gráfico

 Este libro protege el entorno

Miguel Will

© María José González

José Carlos Somoza
(La Habana, 1959)

Está considerado uno de los renovadores de la literatura de misterio en castellano. Ha publicado, entre otras, las novelas *Silencio de Blanca* (premio La Sonrisa Vertical 1996), *Dafne desvanecida* (finalista del Nadal 2000), *La caverna de las ideas* (premio Gold Dagger 2002 a la mejor novela de suspense en Inglaterra), *Clara y la penumbra* (premio Fernando Lara 2001, premio Dashiell Hammett 2002), *La dama número trece* (2003, llevada al cine por el director Jaume Balagueró), *La caja de marfil* (2004), *Zigzag* (2006, finalista del John W. Campbell Memorial en EE.UU.), *La llave del abismo* (2008, premio Ciudad de Torrevieja), *El cebo* (2010), *Tetrammeron* (2012), *Estudio en negro* (Espasa, 2019) y *El signo de los diez* (Planeta, 2022). También es autor de cuentos y teatro radiofónico (*Langostas*, 1994) y escénico (*Miguel Will*, 1997, premio Cervantes de Teatro). Su obra ha sido traducida a más de treinta idiomas.

JOSÉ CARLOS SOMOZA

Miguel Will

Esta obra se estrenó en el teatro Municipal
durante el Festival de Almagro el 17 de julio de 1997, interpretada por
Chema de Miguel Bilbao (WILLIAM SHAKESPEARE/MIGUEL WILL),
Balbino Lacosta (CRIADA/CERVANTES), Juan Meseguer (BURBAGE/QUIJOTE),
Jesús Alcaide (HEMINGE/SANCHO PANZA),
Camilo Rodríguez (CONDELL/EL BARBERO),
José Luis Torrijo/Joshean Mauleón (COOKE/CARDENIO),
José Luis Serrano (LOWIN/DON ÁLVARO/CRIADO),
Carlos Ibarra (RICE/LUSCINDA) y Alberto de Miguel (FLETCHER)

Dirección: Denis Rafter.

Al excelente equipo de actores que la estrenó.
Y a Denis Rafter, con gratitud y afecto.

¡Dejadme soñar en paz!

Hablar de *Miguel Will* es tan complejo y delicado como cantar las bondades del coño de la virgen María en el Vaticano. Se trata de una de las grandes obras del siglo XX, donde José Carlos Somoza dictó el discurso de la creación artística a la Humanidad. Yo la vi por primera vez en el teatro de La Comedia, cuando la Compañía Nacional de Teatro Clásico estaba dirigida por Adolfo Marsillach y su programación era una delicia que valía la pena seguir. Y recuerdo que salí del teatro sin aliento, aturdido, deslumbrado, embriagado... No había asistido a una representación teatral al uso, sino al misterio vivo de la dramaturgia, desvelado y mostrado, con generosidad, a los mortales. Volví a ver *Miguel Will* en cuatro ocasiones más. Normalmente una función tiende a perder encanto la tercera vez que la visitas, y se hace insoportable en la quinta... a menos que sea tuya, claro está. Las funciones de uno mismo se pueden ver una y mil veces. En realidad, los teatreros hacemos el teatro que nos gustaría ver. *Miguel Will* tiene la marca de las grandes obras: cuantas más veces vuelves a ella más gana en detalles y genialidad. Eso le ocurre al *Hamlet* de Shakespeare, al

Cyrano de Rostand, al *Pigmalión* de Shaw, a *El misántropo* de Molière, a *La importancia* de Wilde, a la *Eloísa* de Jardiel, a *El burlador* de Tirso, a un puñado de las obras de la Grecia clásica, probablemente, a una docena más de obras inmortales y a otra docena de las de Shakespeare que acompañarían a su *Hamlet*. Cuando salí por quinta vez de La Comedia, pensé que, al día siguiente, debería ir a la ya extinta librería de teatro La avispa para buscar el texto y, sobre todo, ver qué más podía encontrar de Somoza. No recuerdo cuándo conseguí el texto publicado por la SGAE – que, por cierto, contiene algunos errores graves; la SGAE todo para el autor, menos el cuidado, el mimo y el dinero – pero sí que el día en el que me hice con él, me enteré de lo más fantástico de *Miguel Will*: ¡se trataba de una primera y única obra! Somoza, guiado por los dioses de la escena y su inteligencia delirante y mefistofélica, había creado una obra maestra en su primer y único acercamiento al teatro. Yo era un chaval y, desde que leí ese libro hasta que lo dejé desgastado, como si fuese la revista porno en *braille* de un ciego, desde ese mismo momento, me convertí en *somocista*, discípulo en la distancia y devoto admirador. Mientras mis amigos estaban locos con los Beatles o Prince, yo admiraba a José Carlos Somoza.

El misterio, único e irrepetible, el *misterio* en la acepción religiosa, de *Miguel Will* reside en la locura del genio. Somoza, con habilidad de cirujano medio psiquiatra, medio literato, disecciona el milagro de la creación artística y da con la clave. Para escribir hay que enloquecer. El antiguo psiquiatra Somoza, encuentra en la escritura que esa locura que él sanaba como médico, hay que abrazarla como escritor. La persona, digamos, normal, si es que eso existe, se enamora, se casa y se amarga la vida con hipotecas, hijos, perros, oficinas o yendo a Ikea; la persona consumida por la llama satánica de la creación, se ve vapuleada por la tormenta de los personajes y las situaciones, se confunde con su protagonista, vive al margen de la sociedad y de los intereses humanos, mientras escribe se obsesiona, no distingue realidad y ficción, ¡llega a un punto en el que no quiere ser capaz de distinguirlas!, se pierde en un infierno de contradicciones, dudas y sombras, hasta que surge, de ese caos demencial, la obra de arte. Donde antes no había nada, ahora hay algo que dura eternamente. Insinúa Somoza que, el riesgo de la escritura, de la buena escritura, de la que es honesta, brillante y salvaje, reside en dejarse capturar por ese tentador torbellino de alegría, libertinaje y luces que es la escritura. Todos los que queréis escribir, aprended de Somoza. Os garantizo resultados cien por cien. Si estáis leyendo esto, imagino que el siguiente paso es leer *Miguel Will*, así que vais por buen camino. Seguid así.

Hay un momento en *Miguel Will*, al principio de la representación, donde Will contempla una escena en la que el actor Richard Burbage, siendo Don Quijote, primero interpreta su personaje como un caballero gentil y después como un bufón. *WillSomoza* llega a la conclusión de que sólo existe una forma de interpretar al Quijote: ser un caballero bufón. Ese caballero bufón que nombra Somoza es la esencia de la alta comedia. Cuando explica que el público tiene que reírse de Quijote, sin que Quijote lo pretenda, Somoza acaba de descifrar el enigma de la alta comedia. Ese segundo tomo de la *Poética* de Aristóteles dedicado a la comedia y perdido en los mares del tiempo, recibe una nueva vida a través de *Miguel Will*, que nos llega como evangelio de la comedia. Yo desconfío de la enseñanza de la escritura y siempre he pensado que el que tiene talento, inteligencia, voluntad y valor termina siendo escritor con o sin clases, y el que no tiene las habilidades necesarias está jodido por muchas clases que dé. Bien, pues con sinceridad, si alguien me dijese que quiere aprender a escribir, yo le diría: lee *Miguel Will*, léelo, léelo una y otra vez hasta que lo comprendas, y, entonces, entenderás que hay que volverse un poco loco para escribir.

José Carlos Somoza es uno de los mayores expertos en Shakespeare que existen en este momento. Puede haber algún *friki* en

Londres que sepa de qué color llevaba Shakespeare los calzones u otro friki, tal vez en Milán, que sepa un montón sobre su obra, su vida o lo que sea. Puede ser. Pero Somoza conoce y entiende qué pensaba y sentía Shakespeare. Somoza habla de igual a igual con *Will* y con *MiguelWill* a lo largo de la obra, descifrando el alma del mayor dramaturgo del mundo. La disecciona, la desmonta, la deconstruye y nos la ofrece a sus espectadores con dulzura y generosidad. Si alguien desea conocer a William Shakespeare, conocerle de verdad, conocerle como si fuese su amigo, lo mejor es dejar que sea Somoza quien les presente a través de *Miguel Will*.

Ahora les dejo leyendo la obra del novelista que barrió a los dramaturgos. José Carlos Somoza, psiquiatra, dramaturgo, novelista, maestro y... mi amigo. Dejen soñar a Will en paz y atrévanse a soñar con él.

Calix meus inebrians.

Ramón Paso

Una nota del autor sobre los antecedentes históricos de esta obra.

Como pretende reflejar su título, *Miguel Will* intenta describir la relación, al menos «espiritual» o «creativa», entre Miguel de Cervantes y William Shakespeare. Es cierto que no tenemos pruebas históricas de que tal relación existiese desde un punto de vista personal —a pesar de que vivieron en la misma época y de forma tan paralela que incluso murieron en la misma fecha, como se sabe—, pero, de hecho, es conocido por los estudiosos que Shakespeare llegó a escribir por lo menos una obra basada en el *Quijote*, cuya primera parte había sido traducida al inglés por Thomas Shelton en 1612, cuatro años antes de la muerte de ambos autores. De esta supuesta obra, que se ha perdido, nos quedan algunos indicios: sabemos que se llamaba *Cardenio* y que fue escrita en colaboración con John Fletcher, dramaturgo isabelino más joven que Shakespeare y aficionado a las colaboraciones, que trabajó junto al genio de Stratford-upon-Avon en la redacción de algunas de sus últimas obras, como el *Enrique VIII*; sabemos igualmente que, como su título indica, estaba basada en la «Historia de Cardenio», que ocupa varios capítulos en la primera parte del *Quijote*; también conocemos con cierta seguridad que fue representada en 1613 ante la corte de Jacobo I; por último, es mencionada en el registro de obras de 1653. Y a partir de ese año le perdemos el rastro: ninguno de los editores que tan insistentemente han afirmado haber poseído alguna copia son dignos de crédito —entre ellos, cabe destacar a Lewis Theobald, pero parece demostrado en la actualidad que la obra que aseguraba haber escrito, basada en «tres copias» (?) del *Cardenio* original que decía poseer, es, por el contrario, producto de su sola invención—.

No presumiré otro tanto de *Miguel Will*: me apresuro a aclarar que no está basada en otra «copia» perdida de esta enigmática obra —que habría encontrado por «casualidad» en una vieja abadía inglesa, por ejemplo—, pero sí que se inspira en la fascinante posibilidad de que Shakespeare leyera el *Quijote*, hallara en la novela personajes tan gigantescos como los suyos, se obsesionara con ellos e intentara, de alguna forma, llevarlos al teatro… ¡ni más ni menos que en los últimos años de su vida, cuando ya había escrito toda su obra! *Miguel Will*, pues, no es el *Cardenio* y ni siquiera describe el proceso de composición de esta obra perdida…, pero es una ficción basada en la posible obsesión de Shakespeare con el *Quijote* y, sobre todo, con la dificultad de recrear en su oficio —el teatro— un personaje tan complejo, increíble —para su época y para la nuestra— y genial como El Caballero de la Triste Figura. Asimismo, ofrece una especie de «ficticia explicación» sobre la innegable realidad de la desaparición del *Cardenio*. Por último, y más que nada, *Miguel Will* es una reflexión sobre los escritores y sus obras, así como sobre la dificultad de crear.

Los personajes de *Miguel Will* son reales: existen y han existido, histórica o literariamente. La compañía teatral de Los Hombres del Rey fue a la que perteneció Shakespeare en sus últimos años, y los nombres de los actores mencionados son reales: Heminge y Condell, por ejemplo, no solo fueron actores y miembros de ella, sino grandes amigos del dramaturgo —que los menciona en su testamento— y responsables de la primera edición de sus obras completas —no se cita el *Cardenio* entre ellas—; Richard Burbage fue otro gran amigo de Shakespeare y uno de los mejores actores del Londres de la época…, y aunque no existen pruebas al respecto, ¿no habría sido fascinante que encarnase a Don Quijote en escena, como hizo con Hamlet, Macbeth o Lear? John Fletcher, que también interviene en la obra, ya ha sido citado como el colaborador de las últimas producciones de Shakespeare. Otros personajes de *Miguel Will* son doblemente «personajes»: Cardenio,

Luscinda, Sancho Panza... y el difícil y cambiante «ingenioso hidalgo»; todos ellos poseen igualmente existencia real... e incluso, como entes de ficción, acaban siendo más reales que los personajes «históricos» de la obra. En cuanto a las oníricas apariciones de Cervantes, quizá se hicieron realidad en la imaginación de Shakespeare, alimentada por la lectura de su magistral novela.

El resto es fantasía.

Otra nota sobre el decorado.

El escenario de *Miguel Will* intentará representar el del Teatro de El Globo de Londres, propiedad de la compañía de actores a la que pertenecía Shakespeare y donde se estrenaron la mayoría de sus obras.

A pesar de la reciente reconstrucción del lugar, tiendo a pensar que carecemos de datos fidedignos sobre su interior original, pese a que se cuenta con dibujos de la época que bosquejan teatros parecidos. No obstante, el hecho de que el escenario de una obra sea asimismo «otro» escenario, no deja de poseer indudables ventajas en lo que respecta, sobre todo, a la libertad de disposición de los elementos del decorado. Y es a esta libertad a la que quiero referirme en estas breves indicaciones.

En general, el escenario «imprescindible» consiste en una entrada situada en el foro —una especie de puerta en arco adornada con cortinas rojas—, por la que harán su aparición y saldrán los actores cuando se hallen «en el teatro», y una especie de gran biombo en el lateral derecho del espectador. Este biombo, abierto, mostrará por el lado visible al público todo un arsenal de útiles teatrales de la época: disfraces colgados de sus tablas, pequeños y grandes espejos, sombreros, armas falsas, armaduras, máscaras, etc. En pequeños soportes adosados a las tablas del biombo puede haber accesorios de maquillaje. En un soporte central y elevado se hallará el objeto simbólico más importante de la obra: un cráneo, sobre el que se habrá colocado un bacín metálico a guisa de yelmo o sombrero. Este objeto nunca debería ser «perdido de vista» por el espectador aunque el escenario se halle a oscuras —bastaría una pequeña luz incidente para recordarlo—. El lado opuesto del biombo, que los actores muestran tan solo durante la representación de *Cardenio* en el Cuadro quinto, no posee ninguna clase de utillaje teatral, pero debería estar decorado, por ejemplo, como un tapiz de la época.

El proscenio se utilizará para las escenas en la casa de Shakespeare en Stratford-upon-Avon, su pueblo natal —en aquella época, año 1612, había adquirido una gran propiedad llamada New Place y vivía allí con su familia, aunque seguía viajando a Londres para preparar los estrenos de sus obras—. En el lateral izquierdo del proscenio estará instalado el otro objeto «fetiche» de la representación: el escritorio de Shakespeare, con papeles, tintero, plumas, etc., así como una silla de cara al público. Junto al escritorio, en la zona más extrema del proscenio, una chimenea situada en ángulo con la mesa, de forma que el hogar sea bien visible para el espectador —New Place, según una descripción de la época, poseía bastantes chimeneas, como se menciona en la obra—. Este hogar deberá estar encendido en determinadas ocasiones señaladas en el texto. Si resulta conveniente, la chimenea podrá retirarse en las escenas que se desarrollen en el Teatro de El Globo, pero no así el escritorio, que puede —y debe— permanecer siempre presente. Otros objetos necesarios —el marco de un gran espejo de cuerpo entero, varios bacines de diferentes tamaños y formas, etc.— son mencionados en el texto cuando aparecen.

El decorado, tal como ha sido descrito, no variará en toda la obra, por lo que me gustaría hacer hincapié en la libertad escénica que concede el hecho de representar un «teatro dentro del teatro». En este sentido, cualquiera de los escenarios clásicos del Siglo de Oro, un corral de comedias, por ejemplo, puede servir perfectamente para nuestro propósito. Si llegara a ser este el caso, la existencia de una galería superior con un balcón —muy semejante, por cierto, a la que debería existir en el escenario original de El Globo— puede ofrecer numerosas oportunidades al director de la obra para improvisar distintas entradas y salidas de actores por puertas y lugares diversos e incrementar el juego escénico. Otros teatros otorgarán otra clase de facilidades. No se debe olvidar, en cualquier caso, que

Miguel Will es una especie de espejo: una obra sobre otra obra, interpretada por actores que representan a otros actores, y personajes que hacen de otros personajes, y enmarcada en un escenario «dentro» de otro escenario. Si se tiene en cuenta en todo momento esta «propiedad reflexiva», podrá conservase íntegro en todo su sentido.

J. C. S.

Personajes.

William SHAKESPEARE   También hace de Miguel Will.

Richard BURBAGE   Que también hace de Don Quijote, en su doble versión caballeresca y bufonesca, y de Miguel Will.

John HEMINGE   Que también hace de Sancho Panza.

Henry CONDELL   Que también hace de El Barbero.

John RICE   El «muchacho actor» de la compañía que interpreta papeles femeninos; hará también de Luscinda y, alternativamente con una actriz, de Criada.

John LOWIN   Que también hace de Don Álvaro; hará igualmente el papel de Criado.

Alexander COOKE   Que hará también de Cardenio.

John FLETCHER   Dramaturgo que colabora con Shakespeare; puede hacer también de Cervantes-reflejo y de Cervantes-onírico.

CRIADA   De la casa de Shakespeare; según se indique en el texto, este papel lo hará, a veces, el actor que interprete a John Rice y otras, una actriz.

CRIADO   De la casa de Shakespeare; interpretado por el actor que haga de John Lowin.

ACTORES-REFLEJOS   Todos los actores de la compañía ha-
                    cen, cuando se indica, de sus propios refle-
                    jos en un espejo; así, Burbage-reflejo, Lo-
                    win-reflejo, etc. La única excepción será Sha-
                    kespeare-reflejo, que lo interpretará el actor
                    que haga de John Heminge.

CERVANTES-REFLEJO
/CERVANTES-ONÍRICO   Se sugiere que sean interpretados
                    por el actor que haga de John Fletcher.

EL PÚBLICO   Es otro personaje, aunque nunca apare-
                    cerá en escena; solo se escucharán sus di-
                    ferentes voces, que se recomienda que
                    sean grabadas. Interviene únicamente en
                    el Cuadro quinto.

La acción transcurre en Inglaterra, en el año 1612. El Prólogo y los Cuadros segundo, cuarto y sexto, en la casa de
Shakespeare, en Stratford-upon-Avon; los Cuadros primero, tercero y quinto, en el Teatro de El Globo, en Londres.

Prólogo.

Al principio, la única luz procede de la chimenea del proscenio, que arde como la imaginación del escritor que está sentado junto a ella. Otra luz, esta vez desde arriba, nos revela lentamente, tras una pausa, el aspecto de este personaje: es el que siempre se le ha supuesto en los años de madurez, calvo, con la cabeza ovoidea, bigote y perilla. Pero ahora su tez aparece pálida, su frente brilla de sudor y profundas ojeras ensombrecen aún más su mirada –que no descubre todavía, pues tiene los ojos cerrados–. Resultará evidente para el espectador que William Shakespeare *está enfermo. Se halla un poco recostado en la silla con las piernas cubiertas por una manta. Frente a él, el escritorio. Sobre el escritorio, papeles, tintero, una pluma de ave y una edición de la traducción inglesa del «Quijote», de 1612 –no es preciso que sea la original; una buena imitación vale–. En el suelo, cerca de la silla, un bacín metálico, evidentemente colocado allí para que* Shakespeare *haga sus necesidades –debe estar vacío–. Por cierto, el único objeto iluminado del escenario –el escritorio se halla en el proscenio– es la calavera con el bacín a guisa de yelmo: la luz aquí no debe ser fuerte, pero aun así el objeto tiene que resultar claramente visible. Ambos bacines –el que sirve de orinal y el del yelmo– son iguales.*

SHAKESPEARE *parece dormitar, aunque de vez en cuando su cuerpo se sacude como si tuviera escalofríos. Tras varios sobresaltos, se despierta bruscamente. Durante un tiempo contempla los objetos de la mesa como si no se creyera lo que está mirando. Acuciado por esa necesidad imperiosa que todo escritor siente alguna vez, coge la pluma, la moja en el tintero y, con pulso tembloroso, intenta escribir. Pero entonces parece acuciado por otra no menos imperiosa necesidad –mucho mas frecuente que la anterior, incluso en los escritores–; deja la pluma, coge torpemente el bacín del suelo y tantea su bragueta bajo la manta. Sin embargo, la visión del bacín le paraliza. Se olvida incluso de su vejiga. Sostiene el bacín con ambas manos, lo hace girar –haciendo evidente su similitud con el bacín del escenario– y desliza los dedos por su pulida superficie. Y empieza a reírse: al principio con suavidad, después con fuerza. Estalla por fin en una grotesca carcajada y, casi sin transición, comienza a hablar, dirigiéndose al público. Su monólogo es rápido en un principio, expulsado a chorro –como si su cerebro precisara un alivio similar a su vejiga–, después más lento y, por último, considerablemente enlentecido por un invencible deseo de dormir otra vez. Mientras tanto, seguirá sosteniendo el bacín.*

SHAKESPEARE En un lugar de Inglaterra de cuyo nombre no quiero acordarme, no ha mucho tiempo que vivía un escritor de los de obras teatrales, ingenio rápido, pluma aguda y gran celebridad. Frisaba la edad de nuestro escritor con los cincuenta años; era de complexión recia, seco de carnes, enjuto de rostro, gran madrugador y amigo de la caza. Quienes le conocían le llamaban William, o Will, pero esto importa poco a nuestro cuento: basta que en su narración no nos salgamos un punto de la verdad. (*Breve pausa. Más lento.*) Es, pues, de saber, que este sobredicho individuo, los ratos que estaba ocioso, que eran los más del año, se daba a escribir obras de teatro con tanta afición y gusto, que olvidó casi de todo punto el ejercicio de la caza, y aun la administración de su hacienda; y llegó a tanto su curiosidad y desatino en esto, que abandonó su pueblo natal y marchó a Londres con una compañía de teatro, dedicándose a representar las obras que él mismo escribía. (*Breve pausa. Más lento.*) Llenósele la fantasía de todo aquello que había en sus obras, así de encantamientos como de pendencias, batallas, desafíos, heridas, requiebros, amores, tormentas y disparates imposibles. (*Breve pausa. Más lento.*) Y en el año de 1612, rematado ya su juicio, vino a dar en el más extraño pensamiento que jamás dio dramaturgo en el mundo. Todo empezó en el Teatro de El Globo, de Londres, propiedad de su compañía de actores, durante los ensayos de su última obra, *Cardenio*, basada en una novela española traducida al inglés ese mismo año: *El ingenioso hidalgo Don Quijote de la Mancha*. Todo iba bien en los ensayos de esta obra, que iba a ser la cima y testamento espiritual de nuestro autor, hasta que su amigo Richard Burbage, miembro de la compañía y uno de sus mejores actores, empezó a tener problemas con su personaje…

(Termina de hablar, se recuesta otra vez en la silla y se pone el bacín en la cabeza.)

Oscuro lento

Cuadro primero.
Que trata de la condición y ejercicio del famoso caballero...

Luz sobre el escenario, que representa el del Teatro de El Globo de Londres: plataforma de madera con una entrada al fondo en forma de arcada cubierta por cortinas rojas. Un armazón a la derecha, una especie de biombo con disfraces, maquillajes, espejos, armas falsas, etc. En el centro de este biombo, casi coronándolo, una calavera con un bacín metálico colocado sobre ella como un sombrero. Pero aun antes de que veamos el decorado completo, han aparecido ya por la entrada de las cortinas Richard BURBAGE *y John* HEMINGE *como Don Quijote y Sancho Panza respectivamente, y la primera luz caerá sobre ellos y crecerá hasta desvelar todo el escenario y el proscenio mientras se desarrolla el diálogo.* BURBAGE, *según afirman los testimonios de la época –y no hay por qué dudarlo–, era un consumado actor y aquí lo demuestra. Sin embargo, algunos detalles chocarán al espectador en su interpretación del Quijote: en primer lugar, lleva un disfraz de verdadero caballero medieval, con yelmo de visera y penacho, coraza plateada bellamente adornada, capa hasta los pies, etc.; además sostiene una impresionante lanza de torneo con estandarte. Sancho Panza, a su lado, es la fiel imagen de un escudero legendario, no lleva barba y viste calzas renacentistas; sostiene igualmente un enorme escudo –el de su señor– que oculta casi toda su figura. La interpretación de* Burbage *también contiene detalles chocantes: se expresa ampulosamente, con orgullo, como si encarnara a uno de los poderosos reyes de las obras históricas de* Shakespeare. *Sin embargo, lo hace bien. En ningún momento el actor que interprete a* Burbage *debería exagerar su papel de caballero medieval, pues* Burbage *mismo no lo hace. Es, de hecho, un auténtico héroe de la Tabla Redonda, enamorado y místico como el personaje del film «El Séptimo Sello». Paradójicamente,* Heminge, *en su papel de escudero, interpreta a un Sancho mucho más «cercano» al espectador moderno que el Quijote de* Burbage, *y esto debería quedar patente, al igual que el contraste entre el verso –de Don Quijote– y la prosa –de Sancho–, común en el teatro isabelino para subrayar las diferencias entre personajes «nobles» y «clowns». Incluso un instante antes de que haya luz sobre ambas figuras, ya* Burbage *habrá empezado a recitar su papel:*

Don Quijote   ¡No equivoques mis intenciones, Sancho,
que no ando perdido por estos montes!
Antes bien, me hallo en ellos con un
                    [propósito

más que claro, y es el de acabar
una hazaña tal, que con ella también acabe
de inmortalizar mi fama de caballero.

SANCHO PANZA ¿Y es de mucho peligro la tal hazaña?

DON QUIJOTE Dependerá de la fortuna, como todo,
aunque no sea más peligrosa, Sancho,
que las que ya llevamos realizadas hasta
[ahora.

SANCHO P. Que vuestra merced sepa que eso no me
tranquiliza nada. Y aun me daría yo con un
canto en los dientes si fuese un poco menos peligrosa.

*(En este punto, el escenario ya es del todo evi-
dente. La mesa del proscenio sigue en el mismo lugar, con sus papeles, tintero, etcétera;
solo se echa en falta la escudilla —la chimenea puede, igualmente, haber sido retirada
para marcar la diferencia entre el escritorio
de* SHAKESPEARE *durante los ensayos y el que
posee en su casa de Stratford—.* SHAKESPEARE
*también ha desaparecido, pero entrará duran-
te la parrafada siguiente, bastante menos ojeroso, sosteniendo el libreto de la obra —su
«promp-book»—, al que echará continuos vis-
tazos; se situará cerca del escritorio, desde el
que observará con atención la interpretación
de* BURBAGE. *Poco a poco irán apareciendo
—siempre por la entrada de cortinajes— los demás actores, dirigiéndose al biombo para com-*

pletar algún detalle de sus disfraces: maqui-
llaje, pelucas, etc. Como ellos no están «ac-
tuando» en este momento, su presencia debe-
ría contrastar con la opulencia del recitado
de Burbage. *Primero llega Henry* Condell,
un actor maduro. Casi enseguida hacen su en-
trada John Rice *y Alexander* Cooke. Rice *vie-*
ne vestido de mujer, pero sin peluca –que se
colocará en el biombo–; Cooke *y él llegan ha-*
blando y riéndose, pero una llamada al orden
de Condell *les hará guardar silencio. Por úl-*
timo entrará John Lowin, *muy afectado, como*
siempre, imponente, vestido de negro. Todos
llevan sus libretos y los repasarán mientras
continúa el diálogo de Don Quijote y Sancho,
a veces casi en voz alta, percibiéndose un mo-
lesto murmullo. Rice *exclamará en un mo-*
mento determinado: «¡Qué calor del demonio
con esta peluca!», y Condell le ordenará ca-
llar otra vez, Cooke *se sentará en el suelo a*
leer su papel, Lowin *adoptará «posturitas»*
afectadas delante de un espejo del biombo, etc.
El «relax» de los actores, repito, deberá con-
trastar con el ardiente Quijote de Burbage,
que mientras tanto dice:)

Don Quijote Atiende, pues he de explicártela.
En numerosas ocasiones te he dicho
que todo caballero andante tiene
su modelo y espejo en sir Launcelot,
y que, quien más le imitase, más cerca
estará de la perfección caballeresca.
Es así, que una de las empresas

en las que este caballero mostró
más prudencia, valor y firmeza
fue cuando, desdeñado de su amada,
la incomparable reina Ginebra,
retiróse a hacer penitencia en los bosques.
Imitarle quiero en este monte, y llorar
y penar por Dulcinea, de manera tal
que mi imitación nos acreciente,
a mí la fama de virtuoso
y a ti el honor de servirme.

SANCHO P. Pero, ¿acaso os ha desdeñado la señora Dulcinea, que así tengáis que pagar por ello?

DON QUIJOTE He ahí lo principal del asunto, Sancho,
que yo prefiero hacerlo sin causa
para que mi dama sepa que, si así
me esfuerzo sin razones, ¿qué no haré
de recibir en mal día su desprecio?

(BURBAGE *termina sus últimos versos con ver-*
dadera pasión, y guarda silencio. Los demás
actores, cautivados por su interpretación, ha-
brán empezado a contemplarle con mezcla de
envidia y respeto. Tras breve pausa, la admi-
ración se muestra casi unánime. El único que
permanecerá pensativo será SHAKESPEARE.)

CONDELL Muy bien, Dick.

COOKE Excelente, diría yo.

LOWIN (*Un poco desdeñoso.*) Como siempre.

RICE   (*Abanicándose con su libreto.*) Mejor que tú, desde luego, Lowin.

LOWIN   (*Herido.*) Mira quién fue a hablar, doña Tetas.

RICE   (*Que, en efecto, posee unos falsos pero voluminosos pechos. Los toca ostentosamente. A* LOWIN.) ¿Te gustan, Lowin?

     (*Hay risas.* LOWIN *muestra su disconformidad desinteresándose de todos y continuando su exhibición en el espejo.*)

CONDELL   (*Siempre impaciente por acabar cuanto antes.*) Muy bien. Pues vamos con la siguiente escena. Veamos… (*A* COOKE.) Cardenio, tú entras con Luscinda (*Señala a* RICE.) y conmigo…

BURBAGE   (*Tras breve pausa. A* SHAKESPEARE, *que sigue pensativo.*) ¿Y a ti, Will, qué te ha parecido?

SHAKESPEARE   (*Como saliendo de un ensueño.*) ¿Qué?

BURBAGE   (*Un poco molesto.*) Mi actuación. ¿Qué te ha parecido ?

SHAKESPEARE   (*Tras una pausa. Los demás actores permanecen pendientes de sus palabras.*) Bien. (*Breve pausa. Se mesa la barba.*) Está bien.

BURBAGE   ¿Qué piensas?

SHAKESPEARE (*Tras breve pausa. Sonríe.*) Una tontería. Me preguntaba por qué no llevabas el bacín en vez de colocarte ese yelmo…

HEMINGE (*Sosteniendo aún el escudo.*) Es lo que yo le he dicho: «Dick, ese no es tu yelmo». Pero él se creía que era una broma…

BURBAGE (*Desconcertado con el detalle.*) ¿Qué bacín?

SHAKESPEARE Aquel. El que está encima del cráneo.

BURBAGE (*Después de observar el bacín. Con desprecio.*) ¿Tengo que llevar ese orinal en la cabeza?

SHAKESPEARE Es un bacín. El personaje lo lleva.

RICE (*A LOWIN, con sorna.*) Lowin, prepárate. Tú vas a tener que calarte el orinal lleno.

(*Risas.*)

LOWIN (*Siempre afectado.*) Mejor será que llevar esa espantosa peluca, Rice.

(RICE *se ríe.*)

BURBAGE (*Tras una pausa, deja la lanza apoyada en el biombo, se quita el yelmo y saca su libreto de un bolsillo del disfraz.*) Un momento, un momento, tiene que haber un error. (*Hojea el libreto.*) Aquí apunté que mi personaje es… Aquí está: (*Lee.*) «… un viejo caballero que pretende resucitar los ideales de la legendaria Tabla Redonda de Arturo».

SHAKESPEARE Y así es.

BURBAGE Entonces, ¿por qué llevo un bacín en la cabeza?

SHAKESPEARE Porque, en realidad, no eres un caballero.

(*Breve pausa. La revelación atrae la atención de todos.*)

CONDELL ¡Sorpresa!

BURBAGE ¿Y qué es lo que soy?

SHAKESPEARE Un individuo normal y corriente que se cree caballero. Eso es lo que eres.

BURBAGE (*Tras breve pausa. Muy tenso.*) Si fuera un individuo normal y corriente que se cree caballero, no me pondría un bacín en la cabeza, sino un yelmo…

RICE (*Aliviando la tensión que ha surgido de repente.*) ¡Vamos, vamos, Dick, todos sabemos que no eres un individuo normal y corriente: eres el gran actor Richard Burbage!

BURBAGE Esto va en serio; cállate, Rice.

(*Vuelve a mirar a* SHAKESPEARE, *exigiendo una respuesta.*)

SHAKESPEARE   Bien… Resulta que, además de ser un individuo normal y corriente, estás loco. (*Nueva revelación para todos. Breve pausa.*) Lo siento. Comprendo que debí explicártelo antes, pero ya sabes que hemos tenido poco tiempo para ensayar. Te dije que tu personaje se creía un caballero andante de la época de Arturo, en efecto. Pero se lo cree porque está loco. Por eso te pones un bacín en la cabeza en vez de un yelmo…

(*Pausa. A pesar de sus esfuerzos por contenerse,* RICE *estalla en una carcajada reprimida.*)

BURBAGE   (*Perdiendo la paciencia.*) ¡Rice, te la estás ganando!

CONDELL   (*Conciliador.*) Bueno, bueno, ya está todo dicho. (*A* BURBAGE.) Un consejo, Dick: cálate el orinal y acabemos ya. A fin de cuentas, se trata tan solo de un personaje más…

LOWIN   (*Siempre desdeñoso.*) Ni siquiera el más importante de la obra.

BURBAGE   ¡Un momento, un momento! Yo tengo que saber exactamente lo que estoy haciendo: esa es mi manera de trabajar, ¿entendido?

(*Vuelve a mirar a* SHAKESPEARE, *exigiendo alguna clase de explicación.*)

SHAKESPEARE Pues para que lo sepas todo, tampoco puedes llevar esa coraza tan bonita, sino un vulgar peto de metal. Y la capa, me temo que sobra. Y el escudo no es ese, sino ese otro (*Lo señala en el biombo.*), el pequeño de ahí encima: una rodela. (HEMINGE, *que hasta ese momento había estado soportando el gran escudo, se apresura a hacer el cambio y sostiene la pequeña rodela con evidente alivio.*) Y la lanza es mucho más corta y no lleva estandarte: es un simple palo afilado. (*Breve pausa. Casi avergonzado, al comprobar el efecto que sus instrucciones tienen en el semblante cada vez más tenso de* BURBAGE.) Lo siento mucho. Si te sirve de algo, te diré que tu caballero te había quedado muy bien… Pero, sencillamente, esa no es mi idea del personaje.

COOKE (*Tras breve pausa. A* BURBAGE, *solícito.*) Escucha, Dick, te cambio el papel si no quieres hacerlo. A mí no me importa.

CONDELL (*Intentando «venderle la moto».*) Es buena idea. Cooke hace de Cardenio. Es el protagonista…

BURBAGE (*Con pasión de actor principal, como siempre.*) Ya lo sé, pero no quiero el papel del protagonista; lo dije antes y lo digo ahora. Me atrajo desde el principio el caballero andante. He hecho de príncipe de Dinamarca, de moro celoso, de escocés ambicioso y de mago, pero hasta ahora nunca había hecho de caballero andante. Me parecía hermoso y original; un personaje que intenta revivir los ideales perdidos de Camelot: el amor cortés, la defensa de la justicia, la nobleza, la virtud... Buena enseñanza para los tiempos que corren. (*Con desprecio.*) Y ahora me entero de que estoy loco y llevo una escupidera por sombrero.

SHAKESPEARE   (*Avergonzado.*) No te lo tomes a mal, Dick. Puedes sacarle mucha punta a tu personaje. Eres... algo así como un loco gracioso. Un bufón...

HEMINGE   Oye, oye, que el bufón de esta obra soy yo. Y a quien Dios se la da, san Pedro se la bendiga. Y santa Rita, Rita, Rita, lo que se da no se quita. Que a falta de pan, buenas son tortas... (*Breve pausa. Todos le miran, extrañados.* HEMINGE *sonríe con candor.*) A mí sí me gusta mi papel...

CONDELL   (*De nuevo, conciliador.*) Bueno, pues ya está todo dicho...

BURBAGE   (*Alejándose hacia la salida con la dignidad del orgullo herido.*) Sí, ya está todo dicho.

SHAKESPEARE   ¡Dick! ¡Dick! ¡Espera!

BURBAGE   (*Volviéndose antes de salir. Por un momento, su porte y su tono de voz recuerdan los de su interpretación de Don Quijote.*) ¡Me aseguraste al darme el papel que mi personaje sería noble, valeroso, idealista…!

SHAKESPEARE   ¡Y eso es lo que es!

BURBAGE   Ahora dices que es un loco gracioso, un bufón creado para que el público se ría…

SHAKESPEARE   ¡Y eso es lo que es también!

BURBAGE   (*Subrayando las palabras, como si la frase fuera una «ley» del teatro.*) Ningún actor puede ser las dos cosas a la vez. ¡Elige primero qué debo ser, y entonces te diré si acepto serlo!

             (*Sale. Pausa. Todos parecen afectados, pero* SHAKESPEARE *más que ninguno.*)

RICE   ¡Qué genio!

CONDELL   Eso es lo que es, un genio de la actuación. El público lo adora y (*Mirando significativamente a* SHAKESPEARE.) hay que respetarle…

LOWIN   ¿Respetarle, por qué? ¡Si tiene que hacer un único papel imbécil en su vida, que lo haga! ¡A mí ya me han tocado varios!

RICE   (*Siempre mortificando a* LOWIN.) ¿Por qué será?

LOWIN   Porque las pelucas espantosas no me quedan bien.

        (RICE *se ríe.*)

COOKE   Yo he hecho lo que he podido... A mí no me importaría cambiarle el papel.

SHAKESPEARE   El personaje del loco caballero es muy importante, aunque no lo parezca. Debe hacerlo Dick.

CONDELL   (*A* SHAKESPEARE.) Will, Dick ha estado preparándose mucho para este papel, ya lo conoces. Se había enamorado del caballero andante. Creo que no debiste decirle lo del bacín. O quizás debiste hacerlo con más calma, a solas...

SHAKESPEARE   (*Seco.*) Henry, el personaje lleva un bacín y está loco. No hay nada más que decir.

CONDELL   De acuerdo, de acuerdo. Pero Burbage tiene razón: si está loco, no es un caballero noble...

SHAKESPEARE   En la novela española, el personaje está loco y, a la vez, es un caballero noble...

CONDELL   Pero esto no es novela, sino teatro, Will. El teatro tiene ciertas convenciones…

SHAKESPEARE   (*Picado. Interrumpiéndole.*) ¿Me estás dando lecciones teatrales, Henry?

CONDELL   (*Conciliador siempre.*) ¡Líbreme el cielo! Pero debes decidir qué es lo que quieres que sea su personaje: si un noble caballero o un bufón loco…

HEMINGE   Bufón, desde luego que no. Si Burbage hace de bufón, yo sobro. (*Sonríe.*) Y a mí me gusta mi papel…

SHAKESPEARE   (*Terco, pero cada vez mas nervioso.*) Según la novela, su personaje es, al mismo tiempo, caballero y bufón…

TODOS   (*Protestando de la misma forma que* BURBAGE.) ¡Pero ningún actor puede ser…!

SHAKESPEARE   (*Interrumpiéndoles.*) Sí, ya lo sé, ningún actor puede ser las dos cosas a la vez. (*Preocupado, se dirige al escritorio y se sienta.*) Tendré que meditarlo. Reconozco que no había pensado en esto. En la novela se resuelve tan fácil que… Volveré a leerla, a ver si encuentro alguna forma…

Oscuro.

Cuadro segundo.
Que trata de muchas cosas notables relacionadas con el arte del teatro.

Se continúa sin transición desde el final de la escena anterior: luz sobre el escritorio del proscenio. SHAKESPEARE, *dirigiéndose al público con evidente inquietud.*

SHAKESPEARE   Y así empezó todo. Ahí comenzó la obsesión de nuestro escritor. Esa misma tarde, después de los ensayos, regresó a su pueblo natal, Stratford, donde poseía una bonita casa con diez chimeneàs. (*Señalando la chimenea, que ahora estará apagada.*) Esta es una de ellas. (*Parece avergonzado de haber interrumpido su narración para mencionar un detalle aparentemente tan superfluo. Breve pausa.*) Allí se dedicó toda la noche a revisar la novela española en la que se inspiraba su obra, particularmente los capítulos en los que intervenía el personaje de Burbage, que eran muchos. (*Coge la traducción del «Quijote» y la hojea mientras habla. Breve pausa. Angustiado.*) Quizás no debió hacerlo… Uno tiene que saber dónde detenerse, ¿no?

(*Continúa hojeando el «Quijote» con evidente angustia. Entra la* Criada *desde el lateral
izquierdo del escenario, tras la chimenea, con
una vela encendida y un tazón de sopa caliente en una bandeja. El actor que interprete a
John* Rice *hará ahora el papel de* Criada.)

Criada   (*Colocando la vela y el tazón de sopa en el
escritorio.*) Aquí tenéis luz para que no se
os sequen los ojos. (Shakespeare *asiente
con un gruñido.*) Y esta escudilla de caldo
caliente, para que no se os seque el estó-
mago. (*Al depositar la* Criada *este último objeto sobre la mesa, nos fijamos en que se parece sospechosamente al bacín.* Shakespeare,
*que no lo ha visto, asiente con otro gruñido.
La* Criada *lo remeda.*) ¡Sí, hum, hum! ¡Si yo
no cuidara de vos…! (*Es entonces cuando*
Shakespeare *se fija por primera vez en la escudilla, cuya forma comienza a intrigarle.*)
Por cierto, la señora me ha encargado que
os diga…

Shakespeare   (*Interrumpiéndola.*) ¿Qué es esto?

Criada   ¿Esto? Un poco de caldo caliente, ya os lo
he dicho. Necesitáis alimentaros, ¡trabajáis
demasiado!

Shakespeare   (*Deslizando los dedos temblorosos por el bor-
de del bacín.*) Me refiero a esto… A este ob-
jeto. ¿Qué es?

CRIADA   Pues ¿qué queréis que sea? Una escudilla.
                (*De repente,* SHAKESPEARE *repara en las faccio-
                nes de la* CRIADA, *y contempla a esta con cre-
                ciente atención.*) Como os decía, vuestra es-
                posa me ordena que os comunique que si
                vais a estar toda la noche escribiendo, igual
                que ayer, ella volverá a dormir en el cuarto
                de invitados; os cede con gusto la mejor cama.
                (*Breve pausa. Inquieta.*) Pero… ¿qué miráis?

SHAKESPEARE   (*Observándola fijamente. Horrorizado al des-
                cubrir el parecido con John* RICE.) ¿Rice?
                ¿Eres tú?

CRIADA   (*Que no ha oído bien.*) ¿Qué decís?

SHAKESPEARE   ¿Qui… quién sois?

CRIADA   (*Tras breve pausa. Un poco asustada.*) ¿Quién
                soy? ¡Quién voy a ser! ¡Mary, vuestra sir-
                vienta…! ¿Se puede saber qué os ocurre?

SHAKESPEARE   (*Se frota los ojos.*) No puede ser. (*Vuelve a mi-
                rarla.*) Será verdad que trabajo demasiado…

CRIADA   ¿Qué tenéis? ¡Me estáis asustando!

SHAKESPEARE   (*Aún indeciso. Alza una mano.*) ¿Puedo… si
                me permitís un momento? Para asegurarme.
                (*Le toca un pecho. La* CRIADA *grita y salta ha-
                cia atrás.* SHAKESPEARE, *enormemente aver-
                gonzado, simula enfrascarse en la lectura.*)
                Perdón. (*Frotándose los ojos.*) Ha sido una

confusión absurda… No entiendo cómo…
Lo siento, Mary. Perdón otra vez.

(*Pausa. La* CRIADA *observa a* SHAKESPEARE
*desconcertada. De repente se oyen golpes en
una puerta.*)

CRIADA (*Intentando mantener el tipo.*) Si me permitís… voy a… ver quién es.

SHAKESPEARE (*Fingiendo naturalidad.*) ¡Oh, sí, claro, naturalmente!

CRIADA (*Se aleja, aliviada. Aparte.*) ¡Dios mío, está
volviéndose loco! (*La* CRIADA *sale un momento por el lateral derecho –desde donde se
oyen los golpes– y entra con John* FLETCHER,
que lleva un manuscrito bajo el brazo. FLET-
CHER, *mediocre autor de obras teatrales, colabora ahora con* SHAKESPEARE *en algunas
piezas. Su porte distinguido e impecable y,
sobre todo, su aura de escritor joven de reciente éxito –han pasado solo dos años desde
su triunfo en Londres con «Philaster», escrita en colaboración con Beaumont– contras-
tan con el nerviosismo y la melancolía de* SHA-
KESPEARE. *Habla dos palabras inaudibles con
la* CRIADA, *que se acerca a* SHAKESPEARE *mientras* FLETCHER *espera discretamente cerca del
lateral derecho del proscenio. Muy nerviosa
aún. A* SHAKESPEARE, *manteniéndose a distancia.*) Se…, señor: es maese Fletcher…
Ha venido a visitaros… ¿Le digo que pase?

SHAKESPEARE   (*Sin levantar los ojos del libro.*) Por supuesto.

CRIADA   (*A* FLETCHER. *En voz baja.*) Podéis pasar, pero no os acerquéis demasiado a él. Y haced que se tome el caldo, pero no le mencionéis la escudilla…

FLETCHER   (*En voz baja. A la* CRIADA.) ¿Qué le ocurre?

CRIADA   (*Igual que antes.*) No lo sé. Creo que trabaja mucho…

(*Sale.* FLETCHER, *acostumbrado, como cortesano que es, a disimular la curiosidad sin tener que extinguirla, se acerca como si tal cosa al escritorio y saluda afectuosamente a* SHAKESPEARE.)

FLETCHER   Maestro…

SHAKESPEARE   (*Intentando levantarse.*) Bienvenido, amigo mío…

FLETCHER   (*Reverencial.*) No os levantéis, maestro. Y perdonad que os moleste a estas horas, pero vos mismo me dijisteis un día que la inspiración no entiende de relojes, y como acabo de terminar la obra, me ha faltado tiempo para venir a traérosla. (*Deposita en la mesa el manuscrito.*) Nuestra obra.

SHAKESPEARE   (*Confuso.*) ¿Qué obra?

FLETCHER   ¡El *Enrique VIII*! Nuestra obra en colaboración.

SHAKESPEARE   (*Fingiendo caer en la cuenta.*) ¡Ah, sí, sí! Nuestra obra.

FLETCHER   Será todo un acontecimiento. Agradará a Su Majestad, ya lo veréis. Naturalmente, no demasiado. Ya sabéis que en estos tiempos es tan conveniente no agradar demasiado como no disgustar demasiado. Hoy todo es cuestión de hallar el término medio. Y hablando del término medio, he escrito un poco más de la mitad, y os he dejado a vos las escenas de más lucimiento... (*Halagador.*) ¡Bien sé que no sois manco en este oficio!

SHAKESPEARE   (*Repentinamente gélido. Mirando a* FLETCHER *con extraordinaria seriedad.*) No. No soy manco. (*Breve pausa. Con furia apenas contenida.*) No soy manco.

(*Vuelve a concentrarse en el libro. Pausa.* FLETCHER *advierte que ha metido la pata, pero no sabe por qué. De inmediato recuerda lo que le ha dicho la* CRIADA *y trata de desviar la conversación.*)

FLETCHER   Eh... (*Sonríe.*) Me han comentado que andáis ensayando una nueva obra con vuestra compañía.

SHAKESPEARE   (*Concentrado en el libro.*) Sí, así es.

FLETCHER — También dicen que os habéis inspirado esta vez en una novela española de reciente éxito.

SHAKESPEARE — (*Igual que antes.*) Sí, así es.

FLETCHER — Me gustaría conocer el tema. Desde que tengo la fortuna de colaborar con vos en algunas obras, me interesan todos los temas que imagináis. (*Corrigiéndose.*) Bueno, de siempre me han interesado, ya lo sabéis, pero... (*Pausa.* SHAKESPEARE *sigue hojeando el libro. Intentando alguna clase de conversación.*) Creo que la novela trata de un hidalgo que quiere emular las hazañas de los caballeros de la Mesa Redonda...

SHAKESPEARE — (*Igual, concentrado en la lectura del libro.*) Sí, así es.

FLETCHER — Buen tema para una adaptación teatral, desde luego: ya sabéis que Su Majestad se considera descendiente directo del linaje de Arturo... Y, si me permitís, vos sois para él un verdadero Merlín. (*Suelta una risita maliciosa.*) Sí, a Su Majestad le gustará vuestra obra, estoy seguro. (*Pausa. Por hablar de algo.*) Pero tengo entendido que, en la novela de ese español, el personaje protagonista se burla de los caballeros andantes...

SHAKESPEARE — (*De repente, mirando a* FLETCHER.) No, el personaje protagonista no se burla de ellos. El autor, sí.

FLETCHER   Autor o personaje, ¿qué más da?

         (*La reacción de* SHAKESPEARE *ante estas palabras es imprevista y, desde luego, coge a* FLETCHER *completamente desprevenido —no digamos al público—, se levanta y golpea la mesa con fuerza.*)

SHAKESPEARE   (*Gritando, fuera de sí.*) ¿Y vos decís eso, siendo dramaturgo? ¡El autor no es el personaje! ¡El autor no es el personaje…! (*Se tranquiliza un poco. Se sienta.*) Y el actor tampoco es el personaje… (*Invadido de angustia existencial.*) Realmente, el problema está… en que el personaje no es nada. Nada. (*Repite, como si hubiera llegado a una profunda conclusión.*) Nada.

         (*Pausa.*)

FLETCHER   (*Desistiendo de andarse con evasivas, pero con cierto reparo.*) Maestro…, hoy os noto un poco más alteradillo que de costumbre. Será que no os veo desde hace tiempo, pero… ¿os preocupa algo?

SHAKESPEARE   Disculpadme. Mi criada me ha dicho que trabajo demasiado, y puede que esa sea la causa. Pero también es esta maldita obra…

FLETCHER   ¿El *Enrique*?

SHAKESPEARE   (*Sin saber de lo que habla.*) ¿Qué Enrique?
¿Quién es Enrique?

FLETCHER   El *Enrique VIII*, maestro. Nuestra obra. (*Percibiendo que* SHAKESPEARE *ni se ha enterado del tema. Un poco dolido.*) La obra que os he venido a traer hoy para que revisarais y completarais a vuestro gusto. Los papeles que tenéis encima de la mesa.

SHAKESPEARE   Ah, ya. (*Examina el manuscrito.*) La revisaré, Fletcher. En cuanto pueda. Os lo prometo. Pero me refería al *Cardenio*, la obra que estamos ensayando, basada en la novela de ese autor español… Me ha surgido un problema tonto con ella, un problema tontísimo, ridículo, pero mira por dónde le estoy dando vueltas a la cabeza y no puedo dejar de pensar en él. Es como… cuando nos sentamos frente al papel y no tenemos inspiración…

FLETCHER   (*Comprensivo.*) Oh, sí, sí: es una sensación muy desagradable. A mí me ha ocurrido muchas veces.

SHAKESPEARE   A mí solo una. Inolvidable, desde luego, pero hace bastantes años. Quizás por eso sufro más, porque no estoy acostumbrado…

FLETCHER   (*Riéndose de forma absolutamente estúpida.*) Oh, claro, maestro…

SHAKESPEARE   Y creo que… me estoy obsesionando.

FLETCHER   (*Con tacto.*) Si quisierais contarme el pro-
               blema… es posible que, en mi modesta ex-
               periencia, pudiera…

SHAKESPEARE   (*Angustiado. Interrumpiéndole.*) Tengo mie-
               do de volverme loco…

FLETCHER   ¿Qué decís?

SHAKESPEARE   (*Como saliendo de un trance.*) ¿Y vos? ¿ Qué
               decíais?

FLETCHER   Que, quizás, si quisierais contarme el pro-
               blema que tenéis con esa obra, yo…, en mi
               modesta experiencia…, pudiera ayudaros.
               (SHAKESPEARE *hace vanos ruidos. Al princi-
               pio son gestos comunicativos normales, como
               si pretendiera quitarle importancia al asun-
               to, pero parecen agradarle y los repite más de
               lo estrictamente necesario. Da la impresión
               de que se interpreta a sí mismo. Horroriza-
               do.*) ¿Maestro?

SHAKESPEARE   (*Mirándole fijamente. Muy serio.*) ¿Es posi-
               ble representar la realidad? Os pregunto: ¿le
               resulta posible a un escritor representar la
               realidad?

FLETCHER   Explicaos.

SHAKESPEARE   (*Con mas naturalidad.*) Lo haré. (*De repente
               se levanta y comienza a dar paseos y a mover
               las manos. Durante todo el relato siguiente*

*semeja el «*SHAKESPEARE *ideal»: el autor de obras geniales, inmerso en la descripción de una trama que, indudablemente, le agrada mucho.*)
Mi obra, como os he dicho, está basada en algunos de los capítulos de la novela española. Me gustaron en cuanto los leí, y decidí escribir una pieza sobre ellos. El tema es de mis preferidos: un joven de linaje humilde, sirviente de un duque, se enamora de una joven de la nobleza. Los padres están de acuerdo con la boda y todo parece ir bien, pero el padre de ella cambia de opinión cuando el hijo del duque al que sirve el joven humilde se enamora de la misma dama y le ofrece una dote considerable. Luscinda, que así se llama la muchacha, se casa en contra de su voluntad con el hijo del duque, y el joven humilde, que es Cardenio, enloquece de dolor y huye al bosque…

FLETCHER ¡Oh, vuestras queridas escenas de locos perdidos en los bosques!

SHAKESPEARE Sí, sí; como os digo, el tema es de mis preferidos. Pero escuchad: en el bosque, el loco Cardenio, que vive como un animal salvaje, conoce al caballero protagonista de la novela y a su escudero. El caballero, a su modo, también está loco: es un hombre normal y corriente que ha enloquecido leyendo libros de caballerías y se cree un caballero medieval. Incluso ha convencido a un vecino de su pueblo para que sea su escudero.

(FLETCHER *se ríe*.) Y está enamorado de una dama que no existe, y se ha dirigido al bosque para llorar por ella…, ¡exactamente igual que Cardenio! ¿Comprendéis el vínculo?

FLETCHER   (*Para seguirle la corriente*.) Curioso, curioso…

SHAKESPEARE   El caso es que todos los personajes se conocen en el bosque, y acaban en una posada donde Cardenio encuentra a Luscinda y recupera la cordura, y el caballero loco es engañado por los vecinos de su pueblo para que regrese a este y deje de hacer disparates…

FLETCHER   Es un buen tema. Y para vos, una minucia. ¿Qué problema tenéis?

SHAKESPEARE   El caballero loco. No sabemos cómo representarlo.

FLETCHER   ¡Oh! Eso, viniendo de vos, es muy grave. (*Se ríe de su propia broma*.) ¿Y qué problema plantea el caballero?

SHAKESPEARE   Pues que además de estar loco, es noble y bondadoso; se diría que es el personaje más noble y bondadoso de toda la novela. Y este es el punto sobre el que no nos ponemos de acuerdo mis compañeros y yo: ellos opinan que, si es un loco y la gente se ríe de él, debemos representarlo con ese fin, como un bufón, para dar risa…

FLETCHER   Muy razonable.

SHAKESPEARE   Pero si lo que queremos es representar a un
              caballero noble y bondadoso, mucho más
              noble y bondadoso que todos los demás per-
              sonajes de la obra, no puede dar risa, por-
              que entonces sería un fracaso rotundo…

FLETCHER   Muy cierto.

SHAKESPEARE   Y ese es el problema que me obsesiona…
              ¿Lo habéis entendido?

FLETCHER   Por supuesto, que no habéis decidido aún
              si el personaje debe ser bufón o noble…

SHAKESPEARE   (*Con un chillido histérico que sobresalta a*
              FLETCHER.) ¡No! (*Intentando calmarse.*) No
              es eso. Mi problema es que quiero que el
              personaje se represente como en la novela:
              bufón y noble a la vez…

FLETCHER   (*Con suavidad.*) Pero, maestro, ningún ac-
              tor puede…

SHAKESPEARE   (*Nueva respuesta histérica.*) ¡Ya lo sé! ¡Nin-
              gún actor puede ser bufón y noble a la vez!
              Y eso es lo que, de repente, me ha empeza-
              do a obsesionar. Fijaos, yo estoy hablando
              ahora muy en serio, y sin embargo vos es-
              táis a punto de reíros de mí…

FLETCHER — (*Simulando dignidad ofendida.*) ¡Yo...! ¡Maestro...!

SHAKESPEARE — No disimuléis. Tenéis la risa en los labios. Os parezco ridículo, reconocedlo. Sin embargo, sois capaz de escuchar mis palabras con la misma seriedad con que yo las pronuncio. ¿Comprendéis? ¡Así ocurre muchas veces en la vida! Pero en el teatro, ningún actor puede esperar que el público se ría de su ridiculez al mismo tiempo que le escucha con seriedad. Para el público, un personaje está creado para hacer reír, y en tal caso es un bufón, o para decir cosas nobles, y entonces es un héroe. Pero un héroe bufón es... ¡absurdo! (*Pausa. Reprimiendo sus nervios.*) Ya me conocéis, voy para cincuenta años y llevo más de treinta en este oficio. Casi me he jubilado. No creo faltar a la modestia si os aseguro que he terminado aprendiendo, o creyendo haber aprendido, todos los trucos de la enorme máscara de la máquina teatral, los engranajes que la mueven, las ideas que la alimentan, la forma de fabricar con ella personajes de carne y hueso. Siempre he creído que el teatro debe ser algo así como el espejo de tocador de una dama. En él, la realidad tiene que parecerse lo más posible a sí misma, aunque se embellezca todo lo que queráis. Y ahora, debido a este pequeño problemilla, descubro que hay cosas en esa realidad que son como los fantasmas y no producen reflejos. ¡Personajes que no pueden representarse! (*Parece valorar el alcance de esa idea. Se estremece.*) Es horrible… (*Breve pausa.*) Y eso es lo que me atormenta. Aún más, creo que mis nervios han empezado a sufrir… Ya sabéis lo que me ocurre cuando tengo dificultades con una obra: que me obsesiono con ella. ¡Sueño con los personajes! ¡Los veo por todas partes! (*Sonríe.*) Hace un momento creí que mi sirvienta era… ¡Bah! Os reiríais de mí. (*Interrumpiendo las palabras amables que* FLETCHER *ya tenía en los labios.*) ¡Y no solo los personajes! (*Se acerca al escritorio y contempla la escudilla.*) Este curioso plato… ¿No os parece curioso?

FLETCHER   No.

SHAKESPEARE   ¿En serio? Miradlo bien. (*Pausa. Ambos contemplan la escudilla.*) ¿No notáis nada?

FLETCHER   ¿Qué debería notar, maestro? Es una escudilla llena de caldo.

SHAKESPEARE   Pero, puesta del revés, podría ser un sombrero.

FLETCHER   (*Ríe.*) Pero no es un sombrero. Es una escudilla.

SHAKESPEARE   Bien: pues esa es mi obsesión! ¡Yo quiero que sea sombrero y escudilla a la vez! (*Breve pausa.*) Pero a lo mejor es mala actriz como escudilla y no sabe representar bien el papel de sombrero… (FLETCHER *vuelve a reírse estúpidamente.*) ¡Pero para qué seguir hablando si no entendéis nada!

FLETCHER   (*Tras una pausa. Intentando mostrarse comprensivo.*) Reconozco que esto último de la sombrilla y… de la escudilla, quiero decir, de la escudilla y el sombrero, no lo he cogido, maestro, pero básicamente os entiendo. Entiendo que estáis preocupado en demasía por un problema que no lo merece. Rascáis con la uña en una hoja de papel: no tiene profundidad. (*Pedagógico, al ver que* SHAKESPEARE *se interesa.*) Mirad, si os sirve de algo, os contaré una anécdota. Ya sabéis que, antes de mis recientes éxitos teatrales, por llamarlos de alguna manera, yo era un completo desconocido en Londres. Entregaba mis obras a distintas compañías y todas, sin excepción, me las rechazaban. (*Con resentimiento bien disimulado.*) Recuerdo, incluso, que una de las compañías fue la vuestra…

SHAKESPEARE   Lo siento.

FLETCHER   Oh, no tenéis por qué. Al principio nadie es nadie. Pero a lo que iba: un día, uno de los actores de una de esas compañías me dijo estas palabras que no olvidaré: «Fletcher, no te desanimes. Tienes lo que se llama madera de escritor, pero… tu problema es que eres demasiado profundo. Para escribir hay que rascar el papel con la pluma, pero sin profundizar mucho, porque entonces lo rompes. Y el papel no tiene nada debajo». Os puedo asegurar, maestro, que aprendí la lección, y me ha ido muy bien. ¡Pues qué! Lo único que quiere el público es entretenerse. ¿Creéis por ventura que los intríngulis mentales que me acabáis de exponer podrían interesarle al público? No; no echéis flores a los cerdos. La gente viene al teatro a divertirse, a emocionarse, a pasar un buen rato. Los griegos se complacían con las tragedias de Esquilo y Eurípides, es cierto, pero si hubieran conocido la emoción de las arenas de un circo romano, los primeros en ser arrojados a los leones hubieran sido Esquilo y Eurípides. (*Lanza una risita maliciosa.*) Os lo aseguro, maestro, por lo que a mí respecta, ser buen escritor significa esforzarse en hallar el perfecto término medio de la mediocridad. Todo es el término medio. Así que no lo penséis más: convertid a vuestro caballero en bufón, que siempre será más divertido que un personaje noble. Y no le deis más vueltas al asunto…

SHAKESPEARE   (*Tras una pausa. Más tranquilo.*) Creo que tenéis razón. (*Respira aliviado.*) No sé por qué me he preocupado tanto por esto. Lo convertiremos en un bufón, y listo.

FLETCHER   Claro que sí, maestro.

SHAKESPEARE   (*Sincero.*) Os lo agradezco, amigo mío. Habéis traído la paz a mi espíritu. Ahora os puedo confesar que esta obra había llegado a obsesionarme de tal manera que… Pero esperad, antes debo comprobar algo. (*Llama.*) ¡Mary…! ¡Mary…!

                (*Entra la* CRIADA, *que ahora estará interpretada por una actriz.*)

CRIADA   ¿Llamaba el señor?

                (SHAKESPEARE *se acerca a la* CRIADA, *que se protege de forma inconsciente los pechos. Tras contemplarla detenidamente,* SHAKESPEARE *ríe aliviado. La* CRIADA *y* FLETCHER *se miran sin entender nada.*)

FLETCHER   ¿De qué os reís?

SHAKESPEARE   Nada, no es nada… Las cosas vuelven a estar en su sitio. (*A la* CRIADA.) Puedes marcharte ya, Mary. Gracias.

CRIADA   (*Aparte.*) ¡Se ha vuelto loco, no hay duda, pero ojalá todo mi trabajo en esta casa fuera así!

                (*Sale.*)

SHAKESPEARE (*Muy aliviado, contempla la escudilla.*) ¡Ah, las cosas vuelven a su sitio, Fletcher! Los personajes son los personajes, los actores son los actores, el autor es el autor y el público es el público. Y esta escudilla, una escudilla. (*Ríe.*) Sí, ¡lo convertiremos en bufón, y ya está!

(*Se sienta a escribir.*)

FLETCHER Eso es. Y si el personaje se complica, suprimidlo. Al fin y al cabo, ya vos lo dijisteis antes, un personaje no es nada. (*Al decir esto, el actor que haga de* FLETCHER *sacará un bacín oculto entre sus ropas y se lo colocará en la cabeza, pero seguirá hablando como si tal cosa.*) Nada.

SHAKESPEARE (*Que no lo ha visto.*) Es verdad. Un personaje no es…

(*Mira hacia* FLETCHER *y se queda paralizado por el horror. De hecho, el aspecto del personaje de* FLETCHER *ahora es el de un Don Quijote.*)

FLETCHER (*Preocupado.*) ¿Qué os pasa, maestro? ¿Qué estáis mirando?

SHAKESPEARE (*Retrocediendo mientras balbucea.*) ¡No…! ¡No…! ¡No…!

Oscuro rápido

Cuadro tercero.
Donde se cuenta la graciosa manera que tuvo el caballero de convertirse en bufón.

> *Teatro de El Globo en Londres. Estalla la música: una especie de giga acelerada al estilo de la música circense. Al iluminarse el escenario, que no ha variado sustancialmente, aparecen Richard* BURBAGE *y John* HEMINGE *como Don Quijote y Sancho Panza, respectivamente. Ellos sí han variado, e incluso de manera radical: los trajes ahora imitan las mascaradas cómicas renacentistas de escenógrafos como Inigo Jones −contemporáneo de* SHAKESPEARE−, *donde la burla pretendía obtenerse mediante la exageración. Los detalles específicos se dejan a la fantasía del técnico de vestuario, pero deberían incluirse al menos estos pormenores: a primera vista, las figuras de Don Quijote y Sancho parecen haberse intercambiado, pues este último llevará vestidos más ceñidos y tendrá más apariencia de delgadez que Don Quijote, cuyo traje, cómicamente orondo, le otorgará un aspecto casi esférico; por otra parte, los colores serán vistosos y se añadirán cintas, jarreteras, penachos, etcétera, en tonos a juego; el maquillaje, igualmente llamativo, se completará en Don Quijote con largos bigotes flexibles y*

picuda perilla; un palo adornado de flores le servirá de lanza. Sin embargo, y esto es lo más importante, en ambas figuras tiene que persistir un «aire» a Don Quijote y Sancho casi indefinible: al autor se le ocurre que los sombreros pueden ayudar, consistiendo el de Don Quijote en una imitación burlesca del bacín y el de Sancho en una gorra pequeña –quizá con la impronta de lo que podrían ser unas orejas de asno–. Es fácil comprender que otra buena inspiración para tales monigotes puede hallarse en los personajes de la «commedia dell'arte», y en efecto, no solo los trajes, sino los juegos escénicos y las acrobacias propias de la «commedia» deben mantener cierto parecido con la representación que aquí se ofrece. La música de circo seguirá oyéndose durante todo el tiempo mientras los personajes recitan su papel. La interpretación de HEMINGE y BURBAGE, sobre todo la de este último, será, como siempre, impecable. BURBAGE construirá un verdadero ejemplo de bufón, pretencioso, ridículo, sin caer en la exageración ostentosa. HEMINGE, por su parte, logrará de nuevo un Sancho Panza más cercano al estereotipo que el espectador imagina. Un último detalle, la diferencia prosa-verso, tan marcada en la primera interpretación, se verá aquí reducida por la actitud histriónica de ambos actores, y la prosa de Sancho también parecerá poética.

SANCHO P.   (*Cuando la luz los descubre, se adelanta al proscenio y declama este aparte hacia el público.*) ¡Servir a un loco se me figura que es compartir el peor trozo de su locura: el de las puñadas, golpes y otras desgracias! Labriego soy, y vecino de este caballero, dos grandes pecados, a lo que se ve, que ahora pago con creces, pues el tal caballero, andante por más señas, va por el mundo buscando aventuras en honor de una dama llamada Dulcinea a la que nadie conoce y más de uno imagina que solo vive en su cabeza, y a mí me ha hecho su escudero más para desgracia mía que para beneficio suyo. ¡Ay de mí! ¡Le he visto cometer mil locuras! ¡Hemos sido insultados, engañados y apaleados! Y ahora, tras varios días recorriendo estos bosques sin descanso, le veo detenerse… ¿Qué querrá? ¡Nada bueno augura esa mirada! ¡Triste suerte la mía…!

DON QUIJOTE   Sancho… La lanza te lanzo.

(*Lo hace, en efecto, con un gesto acrobático. Sancho Panza la atrapa al vuelo.*)

SANCHO P.   (*Aparte.*) ¿Y por qué le sigo? ¡Porque noramala me prometió el gobierno de una ínsula, como todo caballero andante promete y entrega a su fiel escudero, según dice él! Y si obtengo el consuelo de esta ínsula, ¡valgan por buenas todas mis penalidades! Pero le preguntaré. (*A Don Quijote.*) Tenga

a bien vuesa merced responderme a una
pregunta.

DON QUIJOTE (*Que ha estado abanicándose con el sombrero, saca ahora un pañuelo de color chillón.*)
¿Cuál, Sancho?

SANCHO P. ¿Es regla de caballería hacer un alto ahora,
igual que lo ha sido entrar en estas monta-
ñas y bosques, y andar perdidos durante
tantos días? Mire vuesa merced que mis piernas nada entienden de reglas caballerescas…

DON QUIJOTE (*Advertimos que el pañuelo es desmesurado,
porque Don Quijote tarda en sacarlo todo el
tiempo que Sancho habla. Ahora simula se-
carse la frente con él mientras dice.*)
¡No equivoques mis intenciones, Sancho,
que no ando perdido por estos montes!
Antes bien, me hallo en ellos con un
[propósito
más que claro, y es el de acabar
una hazaña tal, que con ella también acabe
de inmortalizar mi fama de caballero.

(*Se estira los bigotes, que son absurdamente
elásticos y hacen ruido al soltarse.*)

SANCHO P. ¿Y es de mucho peligro la tal hazaña?

DON QUIJOTE Dependerá de la fortuna, como todo, aunque no sea más peligrosa, Sancho, que las
que ya llevamos realizadas hasta ahora.

SANCHO P.   Que vuestra merced sepa que eso no me
tranquiliza nada. ¡Y aún me daría yo con
un canto en los dientes si fuese un poco menos peligrosa!

(En este punto, como ocurrió en el Cuadro pri-
mero, comienzan a entrar otra vez los demás
actores de la compañía, empezando por Wi-
lliam SHAKESPEARE, *más nervioso y ostensible-*
mente más pálido y ojeroso que en la escena
referida, que se situará cerca del escritorio y
observará la interpretación de BURBAGE, *y des-*
pués los demás: CONDELL, COOKE, LOWIN *y*
RICE. *Los actores se dirigirán al biombo y de*
nuevo escogerán maquillajes, pelucas... LO-
WIN *volverá a realizar sus «posturitas» frente*
al espejo, RICE *se abanicará, etc. La actuación*
de BURBAGE *despertará algunas risas entre ellos*
por su comicidad, pero serán risas poco inten-
sas, casi fingidas.)

DON QUIJOTE   *(Dándole algunos golpecitos de payaso a San-*
cho Panza.)
Atiende, pues he de explicártela.
En numerosas ocasiones te he dicho
que todo caballero andante tiene
su modelo y espejo en Don Amadís,
y que, quien más le imitase, más cerca
estará de la perfección caballeresca, ¿eh?
¿No te lo dije ya? ¿Eh...?

(Vuelve a golpear a Sancho.)

SANCHO P.   (*Esquivando los golpes.*) ¡Sí, sí: Don Ama-
              dís, Don Amadís…! ¡Me habéis alargado
              mucho las orejas diciéndomelo!

DON QUIJOTE   Pues una de las empresas
              en las que este caballero mostró
              más prudencia, valor y firmeza
              fue cuando, desdeñado de su amada,
              la sin par doncella Oriana,
              retiróse a hacer penitencia en la Peña Pobre…

SANCHO P.
/DON QUIJOTE (*A la vez.*) ¡Pobre, pobre…!

DON QUIJOTE   (*Enjugándose un torrente de lágrimas con el
              pañuelo.*)
              Imitarle quiero en este monte, y llorar
              y penar por Dulcinea, de manera tal
              que mi imitación nos acreciente,
              a mí la fama de virtuoso
              y a ti el honor de servirme…

SANCHO P.   Pero, ¿acaso os ha desdeñado la señora Dul-
              cinea, que así tengáis que pagar por ello?

DON QUIJOTE   (*Vuelve a golpearle.*)
              He ahí lo principal del asunto, Sancho,
              que yo prefiero hacerlo sin causa
              para que mi dama sepa que, si así
              me esfuerzo sin razones, ¿qué no haré
              de recibir en mal día su desprecio?

(*La música finaliza y los dos actores termi-
nan su escena con una pirueta. Los demás actores aplauden entusiasmados, salvo* SHAKES-
PEARE, *que permanece pensativo.*)

CONDELL   Genial creación, Dick.

COOKE   Admirable. Un verdadero caballero bufón.

LOWIN   (*Envidioso.*) Como siempre.

RICE   A mí me ha hecho mucha gracia.

HEMINGE   ¡Aplaudidme al menos con una sola mano,
maeses!

(*Risas de todos.*)

CONDELL   Es cierto. Tú le has dado muy bien la répli-
ca. (*Mirando a* SHAKESPEARE *que sonríe en silencio, sin atreverse a preguntarle.*) Bueno,
pues ya que hemos terminado con el personaje de Dick, creo que podríamos pasar
al ensayo general…

LOWIN   (*Impaciente.*) Y en buena hora. ¡Los demás
también queremos actuar!

RICE   En tu caso, Lowin, es mejor que digas que
quieres intervenir…

(*Risas.* LOWIN *le lanza una mirada feroz.*)

BURBAGE   (*Con un orgullo ligeramente similar al de su personaje.*) Lo he conseguido esta vez, ¿eh?

                 (*Todos asienten salvo* SHAKESPEARE, *que sigue mesándose la barba.*)

CONDELL   Sí, Dick, lo has conseguido. (*Pasando con rapidez a otra cosa.*) Bueno, siguiente escena: tú, Cooke, entras como Cardenio, en el bosque, te has vuelto loco y…

BURBAGE   (*Interrumpiéndole. A* SHAKESPEARE, *aunque lo oyen todos.*) ¿Y a ti? ¿Qué te ha parecido?

                 (*Pausa.* SHAKESPEARE *se mesa la barba. Expectación.*)

SHAKESPEARE   Bien. (*Alivio de todos. Pero* SHAKESPEARE *repite.*) Bien, bien, bien… (*Y de repente, casi sin transición, en el mismo tono.*) Mal, mal, mal.

BURBAGE   (*Confundido.*) ¿Mal? ¿Qué es lo que está mal?

SHAKESPEARE   (*Reflexionando.*) Pues… (*Tras breve pausa.*) Por una parte está bien, es un personaje gracioso y loco que se cree caballero andante…

BURBAGE   Eso es. ¿No es eso lo que querías?

SHAKESPEARE   Sí, pero… (*Intentando traducir sus dudas, nervioso.*) Te falta cierta nobleza…

BURBAGE   ¿Nobleza? Habías decidido que mi perso-
           naje sería un bufón, ¿no? ¡Creado para ha-
           cer reír!

SHAKESPEARE Sí, pero… necesitas ser un poco más noble.

BURBAGE   (*Enfadándose.*) ¡Ya fui noble el otro día y
           me dijiste que estaba mal, que tenía que ser
           un bufón loco! ¡Ahora hago de bufón loco
           y me dices que tengo que ser noble!

SHAKESPEARE Pero no como el otro día. También tienes
           que hacer reír.

BURBAGE   ¡Si soy noble, no puedo hacer reír con bu-
           fonadas!

CONDELL   Estamos en las mismas.

           (*Murmullos de asentimiento de todos, apo-
           yando la opinión de* BURBAGE. *Pausa.*)

SHAKESPEARE (*Tras reflexionar un instante. Abatido.*) Hay
           algo que no funciona en este personaje, Dick.
           (*Breve pausa.*) Y no sé lo que es exactamente.

BURBAGE   (*Cada vez mas enfadado.*) ¡No te compren-
           do, Will! ¡Nadie te comprende! ¿Qué te ocu-
           rre con este maldito papel, que cambias de
           opinión cada día? Me dijiste al principio que
           era un caballero. Después, que era un bu-
           fón. ¿Y ahora? ¿Qué es lo que no funciona?

SHAKESPEARE (*Abatido.*) ¡No lo sé!

BURBAGE   (*Cada vez mas enfadado, dando breves paseos de un lado a otro mientras habla.*) ¿No lo sabes? ¡Yo te diré algo que sí sé! ¡Lo he estudiado día y noche: la entonación, los gestos…! ¡He ensayado veinte veces la escena con Heminge! ¿Es o no es verdad, Heminge? (HEMINGE *asiente, dándole la razón.*) ¡No creo que sea preciso recordarte el trabajo que le dedico a cada una de tus creaciones, Will! ¿Qué más quieres? ¡He hecho lo máximo que un actor puede hacer por un personaje, y todos aquí lo saben! ¡Soy un perfeccionista, ya me conoces! ¡Todos me conocéis! (*Los demás asienten, dándole la razón.*) ¡He sido Hamlet, Lear, Otelo, Macbeth…! ¡Soy el artífice de tu éxito, Will! ¡Soy tu herramienta más necesaria…! ¡Yo te inspiro los grandes papeles! ¡Yo…!

(*En ese momento tropieza, debido a la incomodidad de su traje, y casi cae. Los demás actores se ríen. La risa ahora es distinta a las anteriores, franca, espontánea, breve pero intensa. Enseguida vuelven a guardar la compostura, como arrepentidos.*)

SHAKESPEARE   (*Con una idea repentina.*) ¡Eso es lo que falta!

BURBAGE   ¿Qué?

SHAKESPEARE   ¿No te has dado cuenta? Estabas hablando de tu grandeza como actor, y de repente has tropezado. ¡Y nos hemos reído de ti, aunque te creemos! ¡Eso es! ¡Eso es! ¡Sabemos que dices la verdad, que eres un gran actor y que has trabajado el papel, pero no hemos podido evitar reírnos de tu tropiezo!

BURBAGE   No entiendo nada.

SHAKESPEARE ¡Hay que alcanzar el punto justo de burla en tu personaje! ¡El público debe reírse de ti, pero al mismo tiempo tiene que creerte; así podrás ser caballero y bufón a la vez!

RICE   ¡Eh, Dick, tropieza de nuevo para que te creamos!

(*Ríen.*)

BURBAGE   (*Ofendido.*) ¡No! ¡Me niego a hacer el ridículo de esa forma!

SHAKESPEARE ¡Perfecto! ¡Niégate!

BURBAGE   ¿Qué?

SHAKESPEARE ¡Niégate a hacer el ridículo! ¡Tú interpretarás en serio y el público se reirá de ti! ¡Pero tú te negarás a hacer el ridículo y superarás la burla del público haciendo tu papel en serio! (*Breve pausa. Con firmeza.*) Y de esa forma construiremos a Don Quijote.

(*Pausa. Murmullos de desconcierto.*)

BURBAGE   (*Intentando captar la idea.*) Un momento.
                 Déjame entenderte. Siempre vas demasia-
                 do rápido…

SHAKESPEARE   Es muy simple: para que te tomen en serio
                 y, al mismo tiempo, se rían de ti, la risa debe
                 ser cruel. Esa clase de risa que aparece cuan-
                 do alguien resbala y cae, o cuando nos equi-
                 vocamos sin querer. ¡El público tiene que
                 reírse de ti con crueldad!

HEMINGE   ¡Que finja torpeza! (*Imita un tropiezo como
                 el de* BURBAGE. *Hay risas.*) ¡Puede fingir ser
                 un caballero torpe!

SHAKESPEARE   (*Rechazando la idea.*) ¿Crees que se lo to-
                 marían en serio entonces?

HEMINGE   ¡Acabas de decir que nos hemos tomado
                 en serio las palabras de Burbage a pesar de
                 reírnos de su tropiezo!

                 (*Murmullos de asentimiento apoyando a* HE-
                 MINGE.)

SHAKESPEARE   ¡Porque sabíamos que el tropiezo era real!
                 Pero pensad esto por un momento, si un
                 actor finge tropezar para hacer reír, conse-
                 guirá hacer reír, pero ¿se escucharán sus pa-
                 labras con seriedad? El público estará pen-
                 diente de cada uno de sus movimientos,
                 esperando el próximo tropiezo. Todo el mun-
                 do pensará: «Bueno, bueno, lleva mucho

tiempo hablando en serio. ¡A ver cuándo se cae otra vez!». No… (*Reflexionando.*) Debemos construir un personaje que haga reír casi sin que el actor lo pretenda…

BURBAGE (*Reflexionando.*) Es… es sencillamente absurdo.

LOWIN No puede hacerse. Es imposible.

BURBAGE (*Un poco picado ahora por la opinión de* LOWIN. *A* LOWIN.) ¿Por qué?

LOWIN Porque el público tendría que colaborar. Tendrían que reírse sin que tú lo provocaras.

SHAKESPEARE ¡Así es! El público también tendría que actuar. Esa es… la clave. ¿Cómo conseguirlo?

BURBAGE ¿Estás loco?

HEMINGE ¡No! Will se refiere a que debemos pagarle a la gente para que se rían de ti, Dick.

RICE ¡Eso yo lo hago gratis!

(*Ríen.*)

COOKE No, no. Si el público actúa por dinero, entonces ellos serían los actores. Y los actores somos nosotros. (*De repente, asaltado por la duda pirandelliana.*) ¿O no?

BURBAGE ¡Yo no sé ya ni lo que somos, no entiendo nada y todo esto me parece absurdo…!

SHAKESPEARE ¡Mejor, mejor, tú no tienes por qué entender nada, Dick! ¡Mientras menos entiendas, mejor harás tu papel!

RICE (*Burlón.*) Entonce este será el mejor papel de su carrera.

BURBAGE (*A* RICE. *Picado.*) Muy «graciosa».

SHAKESPEARE Pero Cooke tiene razón… Si el público actúa, entonces no es público. (*Concretando la idea con lentitud.*) El público tiene que reírse de Dick espontáneamente…, pero sabiendo que Dick no pretende hacerle reír. Ese es el problema al que nos enfrentamos…

(*Pausa. Todos piensan en resolver el problema.*)

RICE ¡Ya lo tengo! ¡Le gastaremos una broma durante su actuación! Una broma que Dick desconozca, para que también él se sorprenda. Por ejemplo: imaginaos que, mientras interpreta su papel, uno de los que estamos en escena le tiramos de un hilo del disfraz… y lo dejamos en calzones…

(*Risas.*)

HEMINGE O fingimos un accidente. Que se le caiga encima un cubo de pintura.

(*Risas.*)

LOWIN   (*Aprovechando la situación.*) O un ladrillo. Que se le caiga encima un ladrillo.

CONDELL   El ladrillo podría hacerle daño.

LOWIN   Claro, y entonces el público se lo tomaría en serio. Se reirían del ladrillazo, pero al ver la sangre…

BURBAGE   (*Que ha estado escuchando cada vez más incrédulo. Muy irritado.*) ¡Idos todos al diablo, voto a tal! (*Risas.*) ¿Qué pretendéis de mí? ¿Queréis que haga de muñeco de bolos? (*Risas. Cada vez más enfadado.*) ¿Por qué no vendéis piedras a la entrada del teatro diciendo: «Cinco peniques a quien acierte al del bacín»? (*Más risas. De repente, con amargura.*) El oficio de actor es muy noble. ¿En qué queréis convertirlo? (*Risas breves. Con más amargura y nobleza.*) El ideal de encarnar a un personaje, de hacer reír o llorar… ¿Qué pretendéis? ¿Que salga a hacer el imbécil como un payaso de feria?

           (*Risas moderadas.*)

SHAKESPEARE (*Tras breve pausa. Con intención.*) Queremos que consigas exactamente lo que acabas de conseguir ahora mismo, Dick…

BURBAGE   ¿Qué?

SHAKESPEARE   Ser escuchado en serio, al tiempo que nos
               reímos de ti...

               (*Pausa. Todos parecen ahora entender la idea
               de* SHAKESPEARE.)

CONDELL   Pero ¿cómo conseguir eso en el teatro?

BURBAGE   (*Reflexionando. Más calmado. A* SHAKESPEA-
               RE.) Si te he entendido bien, quieres decir
               que es necesario que el público piense: «¡No
               puedo evitar reírme de él, aunque sé que
               todo lo que dice y lo que hace es noble!».

SHAKESPEARE   Eso es. (*Breve pausa.*) Eso es lo que consi-
               gue el autor español en la novela. Esa es la
               magia de su personaje. ¿Por qué no vamos
               a poderlo conseguir nosotros en el teatro ?

HEMINGE   Bueno, al pan, pan y al vino, vino, señores.
               Hablemos de cosas prácticas: ¿cómo lo ha-
               cemos? Quiero decir, ¿cómo logramos que
               el público se ría de Dick o de su personaje
               y al mismo tiempo le respete y comprenda
               la nobleza de su carácter?

CONDELL   Es imposible.

BURBAGE   (*Vuelve a picarse al oír la palabra «imposi-
               ble».*) ¿Por qué?

CONDELL   Sencillamente porque no podemos conse-
               guir que el público haga lo que queremos.

Nosotros podemos hacer lo que queremos, pero no podemos lograr que el público lo haga.

SHAKESPEARE   (*De repente, muy alegre.*) Ah, ¿no podemos, Henry? Y entonces, voto al diablo, ¿para qué somos actores? ¡Todos sabemos que ser buen actor significa conseguir que el público haga lo que queremos: que se ría cuando nosotros decidamos, que llore cuando nos convenga! ¡El buen actor domina a su público!

COOKE   Sí, pero en este caso, Will, hay que conseguir algo del público sin actuar. Y los actores conseguimos las cosas actuando.

(*Pausa. Todos le dan la razón.*)

SHAKESPEARE   (*De repente, presa del frenesí de la inspiración.*) ¡Esperad! ¡Tengo una idea! ¡Creo que es lo único que puede ayudarnos! (*Se detiene un instante. A* BURBAGE.) Pero… tú no debes oírla.

BURBAGE   ¿Cómo? ¿Qué dices?

SHAKESPEARE   Hazme caso, Dick. Márchate un momento. Te aseguro que será el papel más perfecto de tu vida. Pero márchate ahora.

BURBAGE   (*Tras una pausa. Harto.*) ¡Estás acabando con mi paciencia, Will! (*Resignado.*) Pero lo haré.

He hecho muchos sacrificios por mis personajes. No será el único ni el último.

(*Sale con dignidad. Pausa.*)

SHAKESPEARE   (*A los demás, cuando* Burbage *ha salido.*) La idea es la siguiente: lo primero que debemos hacer es matar a Burbage…

TODOS   ¿Qué?

BURBAGE   (*Volviendo a entrar, asombrado.*) ¿Estás loco?

SHAKESPEARE   (*Atrapándolo.*) ¡Sabía que estabas escuchando, Dick! ¡Eres un niño grande! ¡Márchate de una vez y procura que sea muy lejos…!

(*Ríen todos.*)

BURBAGE   (*Refunfuñando, vuelve a salir.*) ¡Qué truco más sucio!

RICE   (*Decepcionado.*) ¿Así que lo de matarle era broma? ¡Yo me dije: «Bien, por fin un papel que me gusta»!

(*Todos le mandan callar.*)

CONDELL   Ya se ha ido. (*A* SHAKESPEARE.) Puedes hablar.

SHAKESPEARE   La idea consiste en actuar. Cooke tiene razón, somos actores, ¿no? Pues actuemos. Pero lo haremos antes de la obra. Extenderemos el rumor de que a Dick Burbage no le gusta el papel que le he escrito en la obra que vamos a estrenar. Diremos que le parece poco serio, indigno de su categoría como actor, y que ha aceptado hacerlo únicamente para no decepcionarme, porque me aprecia. Pero, al mismo tiempo, haremos correr otro rumor: que nos ha puesto una condición. Hará el papel de Don Quijote, sí, pero… debido a que lo considera un personaje ridículo… ha jurado que dejará de hacerlo en cuanto oiga la más pequeña carcajada del público.

CONDELL   ¿Y qué conseguiremos con esto?

SHAKESPEARE Que el público, sabiendo que Burbage no quiere que se rían, no podrá evitar reírse… Y como Burbage no lo sabrá, seguirá interpretando. Y el público creerá que lo hace por mí, que está haciendo un esfuerzo supremo para seguir actuando a pesar de las burlas, y se esforzará a su vez por escucharlo con seriedad. ¡Y así conseguiremos que el público se ría cruelmente de su personaje al mismo tiempo que lo escuchan con seriedad!

(*Pausa. Murmullos de indecisión.*)

CONDELL   (*Tras la pausa.*) No saldrá, Will. El público nunca se reirá de un personaje serio de Burbage. Le tienen demasiado respeto.

SHAKESPEARE   ¡Se reirán si saben que él ha prohibido que lo hagan! ¿No entiendes? El truco está en jugar con la crueldad del público...

COOKE   ¡Yo creo que es una idea magnífica!

(*Todos miran a* CONDELL, *que vacila.*)

CONDELL   Bueno..., yo la veo arriesgada. ¡Pero adelante con ella!

(*Los demás asienten con entusiasmo.*)

SHAKESPEARE   Es la única. La única idea que nos permitirá representar a este personaje que me obsesiona... (*Se dirige al armazón con la mirada fija en el bacín.*) La única manera, señores, créanme.

(*Coge el bacín con manos temblorosas.*)

HEMINGE   (*Llegando a una extraña conclusión.*) Pero, entonces, el papel de Don Quijote... no lo hará Burbage. ¡Lo hará el público!

SHAKESPEARE   Muy cierto. El secreto del papel de Don Quijote... ¡es que lo interpreta el público!

(*Al decir esto,* SHAKESPEARE *arroja el bacín hacia los demás actores y todos se ríen con fuertes carcajadas.*)

Oscuro.

Cuadro cuarto.
Del valeroso combate que el autor sostuvo contra sus personajes, y del nacimiento del ingenioso Miguel Will.

Casa de SHAKESPEARE *en Stratford. Luz sobre el escritorio. Cerca del lateral derecho del proscenio, un espejo de cuerpo entero –o más bien el marco– colocado de perfil al espectador. La chimenea, apagada.* William SHAKESPEARE *se sienta a la mesa y contempla algún punto frente a él. Pausa.*

SHAKESPEARE   (*Sonríe con cierto nerviosismo.*) Parecía lógico, ¿verdad? Reconózcanlo, una idea sencilla. Y la llevamos a cabo. Hicimos correr el rumor de que el personaje de Burbage era ridículo, y preparamos al público para que se riera de él. La gente empezó a comentarlo; se oía hablar del mismo tema en tabernas, posadas, mercados, calles... Del día a la noche se agotó la primera edición de la traducción inglesa de *Don Quijote*... Mi colega español nunca me lo agradecerá lo bastante... No hay nada como el escándalo para lograr vender libros. En cuanto a nosotros, esperábamos con impaciencia el día del estreno. Pero una semana antes, hallándose el autor en su casa de Stratford, una noche llegó a esta pavorosa conclusión: la idea era buena, sí… pero errónea. (*Breve pausa.*) Y esa misma noche dio también con la solución del personaje de Don Quijote…, la más extraña solución que han visto ni verán los escenarios teatrales.

(*Entra la* CRIADA *con un gran bacín en las manos. Se trata otra vez de John* RICE *vestido de* CRIADA.)

CRIADA   Señor. (*Pausa.* SHAKESPEARE *se halla concentrado en sus pensamientos.*) ¡Maese Shakespeare! (SHAKESPEARE *se sobresalta.*) El bacín que me pedisteis, señor…

SHAKESPEARE   ¿Te he pedido un bacín?

CRIADA   Sí, señor. Para lavaros.

SHAKESPEARE   Es cierto. Para lavarme. (*Se levanta, lo coge y lo coloca en la mesa.*) Gracias, Luscinda…

CRIADA   ¿Señor?

SHAKESPEARE   (*Comprendiendo el error.*) Quise decir Mary. Te pareces a uno de los personajes de mi última obra. Por eso te confundo. Pero no voy a tocarte las tetas otra vez, no te preocupes.

CRIADA   Mucho se lo agradezco al señor; lleva una semana entera tocándome para saber si soy yo. Y vuestra esposa dice que por qué estáis tan seguro de que ella sí que es ella…

SHAKESPEARE   (*Excusándose.*) Comprenderás que, después de tantos años a su lado, es muy difícil a estas alturas confundirse. Pero reconoce, Mary, que no me pasa solo contigo…

CRIADA   Eso es cierto. Ayer le dijisteis al perro: «Oh, Burbage, cállate ya, para variar».

SHAKESPEARE   (*Herido.*) ¿Al… perro?

CRIADA   Sí. (*Se ríe tontamente.*) Tiene gracia, ¿eh?

(*Entra el* CRIADO. *Lo interpreta el actor que hace de John* LOWIN. *Viene sosteniendo dos bacines más, uno ancho y bastante plano, el otro pequeño y alto.*)

CRIADO   Señor, (*Inclinándose y dándole el bacín ancho y casi plano.*) el espejo de mano que pedisteis.

SHAKESPEARE   (*Lo coge y lo deja en el escritorio.*) ¡Oh sí! El espejo de mano.

CRIADO   (*Dándole el bacín pequeño.*) Y el tintero que pedisteis, señor.

SHAKESPEARE   (*Igual. Lo deja en el escritorio.*) ¡Oh, el tintero! El tintero. (*Se ríe grotescamente.*) ¡Todos bacines: grandes, pequeños, planos, picudos! (*Mira al* CRIADO.) Bacines y personajes. (*Al* CRIADO.) Vos os parecéis a Lowin. A Lowin haciendo de Don Álvaro…

CRIADO   (*Inquieto.*) ¿Señor?

SHAKESPEARE   ¿No sois Don Álvaro? ¿O quizás Lowin?

CRIADO   (*Muy inquieto.*) Soy… Benjamín, vuestro
                criado, señor.

CRIADA   (*Al* CRIADO.) Tened cuidado; os puede to-
                car algo.

                (*El* CRIADO *y la* CRIADA *retroceden un poco,
                temerosos.*)

SHAKESPEARE   ¡Oh!, no temáis. Los escritores, enfrascados
                en el problema de una obra, solemos verla
                por todas partes. No vemos amigos, vemos
                personajes. Los escritores somos como Don
                Quijote, tenemos que enloquecer para lle-
                gar a hacer algo bueno de verdad. Os he bau-
                tizado de nuevo, ya no sois personajes. ¿Sa-
                béis lo que sois?

                (*Se acerca a ellos.*)

CRIADO   (*Retrocediendo con la* CRIADA.) No, señor.

SHAKESPEARE   Sois «perseguinajes». (*Se ríe de su propio
                juego de palabras.*) No dejáis de perseguir-
                me por todas partes. (*Ríe otra vez grotesca-
                mente.*) Y ahora, si no tenéis otro bacín que
                dejarme, os ruego, por favor, (*Gritando.*)
                ¡que os marchéis de una vez!

CRIADA   (*Yéndose, apresurada, con el* CRIADO. *Al* CRIA-
          DO.) ¡Dios mío, jamás volveré a trabajar en
          la casa de un escritor!

CRIADO   (*Igual. A la* CRIADA.) ¡Desde que estoy sir-
          viendo a este hombre, ya no sé quién soy
          yo mismo!

          (*Salen. Pausa.* SHAKESPEARE *coge agua del ba-
          cín y se frota la cara.*)

SHAKESPEARE (*Con acento desesperado.*) ¡Por favor, mu-
          sas, dejadme en paz! ¡Tengo que vivir! Yo
          no soy solo mis personajes. (*Asaltado por
          la duda pirandelliana.*) ¿O sí? (*Coge el espe-
          jo de mano y se contempla.*) Ya estoy muy
          viejo, pero sigo siendo yo. Aunque aquí no
          me veo muy bien. (*Deja el espejo en el escri-
          torio y se acerca al de cuerpo entero que, como
          se ha dicho, se halla de perfil al espectador. El
          otro lado se ilumina cuando* SHAKESPEARE *se
          acerca y vemos al actor John* HEMINGE *disfra-
          zado de* SHAKESPEARE. *El parecido entre ambos
          no tiene que ser notable. A partir de ahora, el*
          SHAKESPEARE-REFLEJO *hará todos los movimien-
          tos que haga el personaje de* SHAKESPEARE.)
          Aquí me veo mejor. (*Se toca el rostro.*) Estoy
          viejo, sí. Soy un árbol; cada arruga señala
          una obra escrita tiempo atrás. Según eso,
          debería tener treinta y seis arrugas aproxi-
          madamente. Pongamos cuarenta, entre los
          manuscritos que se me han perdido. (*Se toca
          el cuerpo.*) ¡Ah!, pero soy yo. Aunque me

parezco un poco a Heminge, soy yo. Sin embargo, (*Con un escalofrío.*) ¿por qué tengo la terrible sensación de que estoy maquillado para parecerme a mí mismo? (*Se toca el rostro.*) Es espantoso. (*Se frota los ojos con la mano derecha. El* SHAKESPEARE-REFLEJO *lo hace también con la derecha.* SHAKESPEARE, *de repente, percibe la diferencia. Al reflejo, en tono crítico.*) Oye, yo me estoy frotando los ojos con la mano derecha.

SHAKESPEARE-REFLEJO   (*Con voz monótona.*) Yo también.

SHAKESPEARE   Pero tú eres un reflejo, y tienes que frotarte con la izquierda.

SHAKESPEARE-REFLEJO   ¡Ah!, perdón.

(*Cambia de mano.*)

SHAKESPEARE   (*Tras una pausa. Aparte.*) Dios mío, qué mal hago de mí mismo. Como personaje, estoy peor creado que los míos. Es algo terrible ser peor que lo que uno mismo inventa. (*Resignado.*) Pero es el destino de los buenos escritores: ser mucho más mediocres que sus creaciones.

SHAKESPEARE-REFLEJO   (*En voz baja.*) ¿Tú, buen escritor? Je, je.

SHAKESPEARE   (*Hacia el reflejo.*) ¿Qué has dicho?

SHAKESPEARE-REFLEJO   (*A la vez que* SHAKESPEARE.) ¿Qué has dicho?

SHAKESPEARE   (*Igual, al reflejo.*) ¡Yo, no! ¡Tú!

SHAKESPEARE-REFLEJO   (*A la vez que* SHAKESPEARE.) ¡Yo, no! ¡Tú!

SHAKESPEARE   (*Tras una pausa. Aparte.*) ¡Bah! Es un simple reflejo. Yo acostumbro a hablar delante del espejo; es justo que algún día el espejo me replique. Pero quizás es que estoy cansado… (*Se aparta del espejo y va hacia el escritorio. El* SHAKESPEARE-REFLEJO *desaparece.* SHAKESPEARE *vuelve a echarse agua en la cara.*) ¡Oh, sí! Muy cansado. No dejo de pensar en esta maldita obra: *Cardenio, Cardenio*… (*Con amargura.*) Cada vez estoy más seguro de que será mi última obra. (*Nervioso otra vez.*) Falta una semana para su estreno. Me obsesiona la idea de haberme equivocado en algo. Todo Londres habla ya del caballero bufón. Vienen preparados para reírse de él, tal como yo quería, y eso será lo que ocurra, se reirán mientras Burbage interpreta. Se burlarán del caballero bufón, pero comprenderán su nobleza… (*De repente, percibiendo el error.*) ¡No, la nobleza de Burbage! ¡Comprenderán la nobleza del actor, no la del personaje! (*Horrorizado con la idea.*) Y entonces…, ¿de quién se burlarán realmente? Dios mío… (*Coge el bacín-espejo de mano y se contempla.*) «¿Ves lo que has hecho, Will?», me dirá Burbage, y con razón. «Me has utilizado para tus sucios fines». (*Breve pausa.*) Dios mío, qué aspecto tan horrible tengo… (*Deja el espejo de mano en el escritorio y se acerca otra vez al de cuerpo entero. En ese instante, la figura que se ilumina al otro lado es la de Richard* BURBAGE. SHAKESPEARE *se queda estupefacto. Tras una pausa, murmura con absoluto horror.*) Coño… Ahora sí que tengo mal aspecto.

BURBAGE-REFLEJO   (*Despreciativo.*) No soy tu reflejo, aunque eso es lo que tú quisieras…

SHAKESPEARE   (*Angustiado por la visión.*) ¡Richard…!

BURBAGE-REFLEJO   (*Con voz monótona de fantasma de obra de* SHAKESPEARE.) ¿Ves lo que has hecho, Will? Me has utilizado para tus sucios fines. Mañana en el ensayo piensa en mí, y quede tu pluma sin tinta…

SHAKESPEARE   Un momento, un momento. Yo no te he utilizado para nada, Richard, ¿me oyes?

BURBAGE-REFLEJO   Has usado mi nombre y mi reputación para construir un personaje, Will. Y eso está muy mal.

SHAKESPEARE   ¡Tú eres un actor, y un actor debe sacrificarse por su personaje!

BURBAGE-REFLEJO   Sí, pero el autor también. Y mírate ahí, sin hacer nada. La gente se reirá de mí en el escenario para complacerte a ti.

SHAKESPEARE   Yo soy el cerebro. Tú eres mi sombra. Mi reflejo.

BURBAGE-REFLEJO   No, tu personaje podrá ser tu reflejo, pero tu actor principal no.

SHAKESPEARE   Actor o personaje, ¿qué más da?

BURBAGE-REFLEJO   (*Enfadado.*) ¿Y tú me dices eso, siendo dramaturgo? ¡El actor no es el personaje! ¡El actor no es el personaje!

SHAKESPEARE   ¡Cállate! ¡Tú no eres nada! ¡Estás ahí porque yo estoy aquí!

BURBAGE-REFLEJO   (*Enigmático, sonríe.*) ¿Cómo sabes que no es al revés?

SHAKESPEARE   (*Angustiado, se dirige a la mesa y coge el espejo de mano.*) Porque yo soy el único que importa. Yo soy el escritor. Tú no eres nadie. (*De espaldas al espejo de cuerpo entero, se contempla en el bacín. En ese instante, los infinitos reflejos creados por los dos espejos hacen aparecer en fila, detrás de* BURBAGE, *a todos los actores de la compañía. El último personaje de la fila es Miguel de Cervantes, personaje interpretado por el actor que haga de John* FLETCHER. SHAKESPEARE *los ve en el reflejo del bacín y se vuelve hacia el espejo de cuerpo entero. Horrorizado.*) ¡Ah!

BURBAGE-REFLEJO   (*Con malicia.*) Somos muchos «nadies», Will… Un escritor tiene siempre que contar con muchos «nadies» detrás…

SHAKESPEARE   (*Temblando.*) ¿Qué significa esto?

BURBAGE-REFLEJO   Significa que si colocas un espejo enfrente de otro se crean infinitos reflejos, idiota.

SHAKESPEARE   ¡No me atormentéis!

BURBAGE-REFLEJO   (*Al tiempo que se aparta para dejar paso al siguiente de la fila mientras él retrocede hasta el final.*) Piensa que…

CONDELL-REFLEJO   (*Al tiempo que se aparta para ceder su puesto al siguiente, pero lo que hace después es desaparecer.*) …nosotros somos…

RICE-REFLEJO   (*Igual que el anterior.*) …los únicos seres…

HEMINGE-REFLEJO   (*Igual.*) …capaces de…

LOWIN-REFLEJO   (*Igual.*) …hacer realidad…

COOKE-REFLEJO   (*Igual.*) …lo que tú has creado.

SHAKESPEARE   (*Angustiado.*) ¡Basta, basta, no me atormentéis más! ¡De acuerdo: los actores también importáis! ¡He abusado de vosotros! ¡Lo siento, no volverá a suceder! (*Al ver a Cervantes.*) ¿Y este? ¿Qué hace aquí?

CERVANTES-REFLEJO   (*Cuando le llega su turno, se detiene. Afable.*) Hola, hijo. Soy Miguel de Cervantes.

SHAKESPEARE   ¡Qué más quisierais vos! ¡Sois Fletcher! ¡Os conozco!

CERVANTES-REFLEJO   (*Picado, le enseña la mano manca.*) ¿Esto no te dice nada?

SHAKESPEARE   (*Con un gemido ahogado.*) ¡Ah...!

CERVANTES-REFLEJO   Hijo, vengo a decirte que así son los problemas del teatro. Pero también la novela tiene los suyos. Escribir es muy complicado, tú ya lo sabes. Un sufrimiento continuo. Cuando fui esclavo de los moros me lo pasé mejor que escribiendo el *Quijote*: los personajes me obsesionaban igual que a ti, me enloquecían. Pero es necesario enloquecer un poco para terminar haciendo algo bueno de verdad. El oficio de crear es el más extraño de cuantos hay en el mundo. Nada se puede comparar a escribir, salvo estar loco.

SHAKESPEARE   Al loco lo encierran.

CERVANTES-REFLEJO   ¡Oh!, al escritor también. ¿Sabías que comencé mi *Don Quijote* en la cárcel? Fue una experiencia curiosa. Para entretenerme, pedí que me llevaran a la celda algunos libros de caballerías. Cuando los leí, me dije: «¿Por qué no escribir yo también un libro de caballerías?». Pedí papel, tinta y pluma y me puse a ello. Al principio compuse un borrador sobre un noble caballero llamado Quijano de la Mancha. Pero me empecé a reír de mí mismo, a verme ridículo escribiendo un nuevo libro de caballerías, a mis años y con tantos problemas encima. Así que me dije: «¿Por qué no burlarme de los libros de caballerías?». Y escribí *Don Quijote*.

SHAKESPEARE   Por lo tanto, Don Quijote fue primero un caballero, después un bufón y por último… fue el verdadero Don Quijote.

CERVANTES-REFLEJO   Sí. Los grandes personajes sufren muchos cambios en la mente de los autores. Cuesta un verdadero parto darles la forma apropiada.

SHAKESPEARE   ¿Cuándo saliste de la cárcel?

CERVANTES-REFLEJO   Nunca. (*Pausa.*) Desde que empecé a escribir, nunca. ¿Crees que un escritor sale alguna vez de su cárcel, Will? La cárcel es tan necesaria para un escritor como la imaginación.

SHAKESPEARE Quieres decir…

CERVANTES-REFLEJO Que tienes que sacrificarte por tu personaje, igual que yo lo hice por el mío. Noches sin dormir, luchando contra molinos de viento, acuchillando pellejos de vino, enfrentándote a las sombras, enloquecido, sin otro ideal que darle vida a los seres que has imaginado… Dime si eso no es ridículo.

SHAKESPEARE Sí, y noble.

CERVANTES-REFLEJO Sí, muy noble. (*Pausa. Sonríe.*) Lamento no poder darte la mano, Will. La izquierda por circunstancias obvias y la derecha porque no puedo atravesar el espejo. En realidad, no estoy aquí. Pero tú me has leído. Y ya nos conocemos.

(*Su figura desaparece y es sustituida por la de* BURBAGE.)

SHAKESPEARE Sí. (*Pausa. Reflexionando.*) Debe ser el autor quien se sacrifique.

BURBAGE-REFLEJO ¡Eh, Will!, que estoy aquí.

SHAKESPEARE (*Apartándose del espejo, molesto.*) ¡Déjame pensar y cállate de una vez!

BURBAGE-REFLEJO (*Ofendido.*) ¿Así me tratas?

SHAKESPEARE   ¡Eres un reflejo, y no puedes cruzar el espejo! ¡Así que vete!

BURBAGE-REFLEJO   (*Cruzando el espejo y acercándose a* SHAKESPEARE.) ¿Cómo has dicho?

SHAKESPEARE   (*Gritando mientras* BURBAGE *lo agarra.*) ¡Ah, déjame, fantasma de mis pesadillas! ¡Aléjate de mí, locura depravada…!

(*En ese momento advertimos que la* CRIADA, *interpretada ahora por una actriz, está junto a ellos.* BURBAGE *retrocede ante los gritos de* SHAKESPEARE.)

BURBAGE   (*A la* CRIADA.) Pero ¿qué le ocurre?

CRIADA   No lo sé. Lleva días así. No come, no duerme, ve cosas raras… (*A* SHAKESPEARE.) Señor… Maese Burbage ha venido a visitaros. ¿Me oís?

SHAKESPEARE   (*Tocando a* BURBAGE.) ¿Eres tú, Richard? ¿Eres tú de verdad?

BURBAGE   Claro que soy yo.

SHAKESPEARE   (*Intentando tocar a la* CRIADA) ¿Eres tú, Richard? ¿Eres tú también?

CRIADA   (*Retrocediendo de inmediato.*) ¡Sí, yo también soy yo, señor! Y tened las manitas quietas, si os place.

SHAKESPEARE   ¡Oh, Dick!, no sé qué me está sucediendo…

BURBAGE   Estás nervioso por el estreno, nada más.

CRIADA   En fin, llamadme cuando me necesitéis, se-
               ñor… Pero ¡ya se me iba a olvidar…! (*Coge
               del suelo una maceta de flores. Pero la mace-
               ta es un bacín metálico.*) Un admirador vues-
               tro os envía este precioso ramo de flores. La
               tarjeta decía: «No me perderé por nada del
               mundo vuestra nueva obra, que se estrena
               el viernes próximo. Será divertido ver a Bur-
               bage haciendo el ridículo».

SHAKESPEARE   (*Entre dientes.*) Muy bien, Mary, puedes re-
               tirarte, gracias.

CRIADA   De nada, señor. Voy a poner las flores en un
               jarrón; así lucirán más bonitas. (*Entregán-
               dole el bacín.*) Os dejo esto, por si os hace
               falta.

SHAKESPEARE   (*Irónico.*) ¡Oh, sí!, gracias. Para mi colec-
               ción. (*Lo deja en la mesa con un golpe.*) ¡Pue-
               des retirarte!

CRIADA   Sí, señor… (*Aparte.*) ¡Pobre hombre! ¡Qué
               lástima tener tanta imaginación!

               (*Sale. Pausa.* SHAKESPEARE *se sienta a la mesa,
               que ahora está llena de bacines de todos los
               tamaños, y esconde la cara entre las manos.*
               BURBAGE *lo contempla con cierta pena.*)

SHAKESPEARE   (*Intentando explicarse.*) Dick…, yo…

BURBAGE   (*Interrumpiéndole, comprensivo.*) ¡Bah!, no te molestes en explicarme nada. Lo sé todo. (SHAKESPEARE *lo mira fijamente.*) Me he enterado. Tuvieron que decírmelo. Londres entero lo sabe.

SHAKESPEARE   Lo siento de veras, Dick. Creí que si se reían de ti como actor, te tomarían en serio como personaje. Ha sido un grave error.

BURBAGE   (*Con amargura.*) ¡Cuántas cosas no harías por un personaje! Sin embargo, por un actor, que además es tu amigo, haces muy pocas…

SHAKESPEARE   (*Tras breve pausa. Como para sí.*) Un escritor tampoco puede ser noble y bufón a la vez.

BURBAGE   Bien. He venido a decirte…

SHAKESPEARE   (*Interrumpiéndole.*) Que no aceptas el papel, ya lo sé. Y no te censuro. Te he traicionado. Además, estaba equivocado. La solución es…

BURBAGE   (*Interrumpiéndole. Seco.*) ¿Quieres dejarme hablar? (*Breve pausa. Con dignidad.*) He decidido, a pesar de todo, interpretar el personaje. (SHAKESPEARE *lo mira y se ríe.* BURBAGE *prosigue dignamente.*) ¡Oh!, no creas que lo hago por ti. Lo hago por mí mismo, no quiero que piensen que soy un cobarde y no me atrevo a enfrentarme a la burla de la gente. ¡Y vive Dios, que soy un actor y me atrevo a todo! (SHAKESPEARE *se ríe aún mas fuerte.*) ¿Se puede saber de qué te ríes?

SHAKESPEARE ¡Ya lo estás interpretando! ¡Ya eres Don Quijote...! ¡Todos lo somos! (*Entregándole un bacín.*) Toma un bacín para ti y otro para mí. Hay bacines para todos.

BURBAGE ¿Qué quieres decir?

SHAKESPEARE (*Muy nervioso.*) ¡Ah, Dick, mi querido amigo! Te agradezco el sacrificio, pero no será necesario...

BURBAGE ¿Qué?

SHAKESPEARE El papel de Don Quijote lo haré yo.

BURBAGE ¿Estás loco?

SHAKESPEARE Claro que sí. Completamente. Por eso sirvo para el papel. (*Se pone el bacín en la cabeza. Cada vez más nervioso.*) Durante todos estos días hemos luchado por llevar este personaje al teatro, pero se resiste. Y no he sabido por qué hasta esta misma noche: Don Quijote es el único personaje que no puede fingirse. Uno tiene que ser uno mismo para llevarlo al teatro...

BURBAGE ¿Qué diablos quieres decir?

SHAKESPEARE   Don Quijote no es un héroe ni un bufón, ni ambas cosas a la vez. Es un hombre normal y corriente que enloquece leyendo libros de caballerías. Pero enloquece leyendo libros porque sueña con sus personajes. Y si sueña con los personajes es que es un escritor. Está clarísimo. Por eso no podíamos representarlo: porque está fuera de la obra. No es el actor ni el personaje, sino el autor. Así que cambiaré el papel.

BURBAGE   ¿Cambiarás el papel? ¿A qué te refieres? ¡Falta una semana para el estreno!

SHAKESPEARE   No te preocupes: tiempo suficiente para aprendérmelo, porque seré yo mismo. Don Quijote seré yo, un espectador más entre el público que asistirá al estreno de *Cardenio*. El Don Quijote de la novela es un hombre que enloquece con novelas, ¿no es cierto? Pues el Don Quijote del teatro será un hombre como yo, que habrá enloquecido con el teatro y creerá ser un gran dramaturgo. Pero no me llamaré Don Quijote. Seré yo mismo: me llamaré Will. O mejor, (*Mira hacia el espejo de cuerpo entero y se acerca. En el reflejo aparece de nuevo Miguel de Cervantes.*) me llamaré Will Miguel...

CERVANTES-REFLEJO   (*Quejoso.*) Hombre, pon mi nombre al principio, ya que soy el de la idea original...

SHAKESPEARE   (*A Cervantes.*) Lo iba a hacer, ya sabes que los ingleses mencionamos primero el adjetivo y después el sujeto importante.

CERVANTES-REFLEJO   Gracias. (*Con firmeza, saludando con su mano manca.*) Y defiende bien nuestro personaje frente a la burla de todos.

(*Cervantes desaparece.*)

SHAKESPEARE   Lo haré. Te lo juro.

BURBAGE   (*Inquieto.*) Will…, ¿qué te pasa? ¿Con quién hablas? ¡Esto es un espejo! ¿Te has vuelto loco…? Escucha, había venido a decirte también otra cosa. Ha llegado a oídos del rey la fama de tu caballero bufón. Pero lo peor es que le han dicho que has escrito este personaje para ridiculizarle. Ya sabes que Su Majestad mantiene buenas relaciones con los españoles… y que sus enemigos le consideran poco menos que un caballero bufón. ¿Me estás oyendo, Will? ¡Si nos metemos con el rey, vamos a tener problemas…!

SHAKESPEARE   (*Frente al espejo, sonriendo.*) ¿El rey también se cree Don Quijote? (*Ríe maliciosamente.*) ¡Buena representación será esta en la que todos haremos el mismo papel! Vamos a salir a la calle, Dick. (*Se quita el bacín de la cabeza.*) ¡Comienzan las aventuras del ingenioso escritor Miguel Will!

(*Arroja el bacín contra el espejo de cuerpo entero y se oye un ruido atroz de cristales rotos.*)

Oscuro.

Cuadro quinto.
Donde se narra la valerosa hazaña del estreno de la obra
«Cardenio».

*Escenario del Teatro de El Globo en Londres, el
día del estreno de «Cardenio». Entra un actor
–por ejemplo, John* RICE– *tocando el tambor y
anunciando la obra. Otros dos actores se ocu-
parán de colocar el biombo frente a la entrada
de cortinas, ocultándola parcialmente. Además,
le darán la vuelta para que los objetos que cuelgan de él, disfraces, sombreros, etc., no sean ya
visibles para el espectador. Tampoco aparece-
rán ya el bacín y el cráneo. Otros actores pueden colgar letreros grandes en el escenario con
títulos parecidos a «Cardenio, de William* SHA-
KESPEARE. *Estreno hoy», etc. El ambiente tiene
que ser en todo momento festivo.*

ACTOR   (*Tocando el tambor mientras se dirige al Público.*) ¡Hoy, estreno de *Cardenio*, una obra
de Will Shakespeare! ¡Comprad vuestra entrada, distinguido público! ¡Estreno de *Cardenio*, de Will Shakespeare! ¡Hoy, aquí, en el
Teatro de El Globo, la compañía de actores
de Los Hombres del Rey representa *Cardenio*, de Will Shakespeare! ¡Comprad vuestra
entrada! ¡Precios especiales para grupos…!

(*Sigue tocando el tambor. Mientras el actor anuncia la obra y los demás actores cuelgan los letreros y manejan el biombo, podrá oírse al Público. Sus voces grabadas formarán una confusa mezcla de diferentes tonos, acentos, etc., dando lugar a una cacofonía muy semejante al gruñido de un misterioso y enorme animal. Este grotesco rumor empezará a aumentar de intensidad cuando el Actor termine de anunciar la obra, lográndose distinguir frases completas sobre un fondo de gritos de muchedumbre, risas, etc.*)

PÚBLICO   «¡Eh, maese!, ¿qué ponen hoy?». «¡Lo acaban de anunciar: un estreno de Will Shakespeare!». «¡Entonces será divertido! «¡Es la obra del caballero bufón!». «¿Qué decís?». «¡Vos por aquí! ¿También al teatro?». «¡Siempre vengo!». «¡Se comenta en todo Londres!». «¡Pues yo no lo sabía!». «¡Burbage no quería hacer el papel del caballero español!». «¡Ha jurado callarse si el público se ríe!». (*Risas.*) «¡No, eso era antes! ¡El papel lo hace ahora Will Shakespeare!». «¡Será divertido!». «Una limosna, maeses, por caridad...». «¡Aparta, rufián!». (*Una voz «distinguida».*) «Pero ¡qué decís! ¿Que el personaje del caballero bufón es una burla de...?». «¡Será divertido!». (*Una voz «grosera».*) «¡Empujad un poco vos, el del penacho!». «¡Mirad! ¿Ese caballero no es...?». «¡Ben Jonson!». «¡Y ese de allá es John Fletcher!». «¡A fe que ha venido toda la poesía

de Londres a ver la obra!». (*Risas.*) «Si es de
Will Shakespeare, será divertida». (*Sonido de
un escupitajo.*) «¡Me habéis escupido en la
bota, caballero!». «¡Vos pusisteis la bota a
tiro!». (*Risas groseras. Una dama.*) «Pero ¿es
inmoral esta obra?». (*Una risita. Ladridos de
un perro.*) «¿Qué haréis si el perro se pone a
ladrar dentro?». «¡Aplaudir!». (*Risotadas.
Una voz «seria».*) «Mi suegra murió ayer de
bubas pestíferas: os juro que es la primera vez
que me agrada una buba pestífera…». «Pero
¿quién hace por fin de caballero bufón?».
«¡Ah, pero si no actúa Burbage…!». «¡Pero
están Heminge y John Rice!». «¡Ese es bueno!». (*Una conversación culta.*) «¿Y vos? ¿Habéis leído la novela?». «¿Cervantes?». (*Voz
de* FLETCHER.) «Naturalmente. Nunca me pier-
do un estreno del maestro…». «¡Os digo que
habéis querido escupirme en la bota!». «¡Y
ahora os escupo en la cara!». (*Pelea.*) «¡Eh,
eh, teneos, caballero!». «Una limosna, maeses, que no he comido todavía…». «¡Este parece actor!». (*Risas.*) «¡No, parece escritor!».

(*Risotadas fuertes. Las voces ahora rodean
todo el escenario. Los actores, mientras tanto,
habrán colgado los letreros que anuncian la
obra y colocado el biombo frente a la entrada. Asimismo, habrán bajado del escenario para
situar dos sillas de madera en primera fila, junto al Público «de verdad» y —al tiempo que con-
tinúan los rumores del Público— vocearán algo
parecido a: «¡Distinguido público: en estas dos*

sillas no puede sentarse nadie! ¡Ocupad las demás, pero estas no! ¡Son parte de la obra! ¡Disculpad la molestia, y gracias!». Al cabo de un rato, con el escenario vacío y en penumbra, el mismo actor que ha anunciado la obra puede gritar desde el biombo: «¡La obra va a empezar!». El escenario se ilumina y da comienzo la obra. Música de danza que consigue extinguir las voces del Público –se oyen muchos «¡Ssshhh!». como silbidos de serpiente–. Entran desde el biombo los actores HEMINGE, CONDELL, LOWIN y COOKE, disfrazados, y bailan en el escenario. CONDELL recita el Coro del Prólogo. A lo largo de este, así como de toda la obra «Cardenio», el director de escena puede intercalar –cuando le parezca apropiado o respetando las indicaciones del texto– risas, comentarios y aplausos grabados del Público, que en ningún momento debería ser una presencia olvidada y silenciosa para el verdadero Público.*

CORO   (*Se recomienda que los demás actores hagan gestos alusivos a sus respectivos papeles.*)
Miren vuesas mercedes: habíamos pensado
hacer una tragedia de amores contrariados:
¡muere él, muere ella, mueren familiares y
                                    [amigos,
el villano, sus compinches, no queda ni un
                                    [testigo!
No está mal, pero el autor tiene el
                          [presentimiento
de que el público también se muere de
                               [aburrimiento.

(*Risas del Público.*)

¡Así pues, ya que la risa todo lo remedia,
decidimos hacer mejor una comedia!
Pero a estas alturas de su vida dilatada
al autor tampoco le gusta la carcajada.

(*Risas del Público.*)

¿Qué hacer? «Mezclar lágrimas y risas»,
                              [dijo el autor,
«realidad y fantasía, alegría y dolor».
Cardenio se llama, de todo esto el resultado.
¡Shakespeare, su autor, dice que Cervantes
                              [le ha inspirado!

(*Aplausos del Público y silbidos, golpes en la
madera de las gradas, etcétera. La música
termina y salen* HEMINGE *y* CONDELL. *John*
LOWIN *como Don Álvaro, John* RICE *como
Luscinda y Alexander* COOKE *como Cardenio
comienzan la representación. Son buenos actores y lo hacen bien.*)

DON ÁLVARO (*Cogiendo las manos de Luscinda y Cardenio.*)
Cardenio: durante mucho tiempo has estado
cortejando a mi hija; y a pesar de lo inferior
de tu linaje, has llegado a la altura de su
                              [corazón.
Hasta hoy he demorado poner en tus manos
la que constituye ya, pobre viudo como soy,
el único báculo de mi vejez. Pero ella te ama,
bien lo sé, y no está en mi ánimo torcer

su inclinación ni contrariar su deseo.
Así pues, Cardenio (hoy lo decido),
                              [Luscinda
es tuya.

(*Cardenio y Luscinda se dan la mano. Don Álvaro sonríe.*)

¡Ah, ese fuego de vuestras miradas
ha consumido las palabras de
                              [agradecimiento!

CARDENIO   Señor: mi silencio no es ingratitud, sino
                              [respeto.
Que vuestra voluntad haya dictado a favor
nuestro, es una dicha que espero merecer
para agradecerla como se merece.

DON ÁLVARO   ¡Oh, tu amor hacia mi hija será la mejor
                              [gratitud
que puedas ofrecerme!

(*Aparte.*)

Si es que nadie me ofrece,
entre tanto, un linaje más ilustre que el tuyo.
Te he entregado mi palabra, no mi hija:
si un galán más noble la corteja,
tú, rufián, le habrás dado tu mano
tan solo a una falsa promesa.

(*Comentarios del Público. Siseos. Entra Henry* CONDELL *como El Barbero, pero por el pasillo*

*del Público, y se dirige al escenario. Mientras
tanto, Don Álvaro se vuelve hacia Cardenio y
Luscinda para decir a aquél:)*

¡Oh, si esta gentil niña, que así te entrego
con mis bendiciones, deja de mirarte
con ese arrobo y quiere decir algo,
que lo haga! El silencio conviene al amor
                                                    [conyugal,
¡pero necesita de muchas palabras el filial!

LUSCINDA   *(Que ha estado sonriéndole a Cardenio, sin
                  atreverse a hablar.)*
                  Mis palabras están en mi corazón, padre,
                  y Cardenio y tú, que lo poseéis a la mitad,
                  parte a parte, podéis leerlas…

EL BARBERO   *(Que ha estado contemplando la representa-
                  ción junto al Público, asomado al escenario,
                  llama a John* RICE, *interrumpiéndole, sin le-
                  vantar mucho la voz:)* ¡Eh, oídme…! ¡Vos!
                  ¡Sí, vos! ¡Acercaos un momento!

PÚBLICO   «¿Qué pasa? ¿Quién es ese?». «¡Ssshh: es
                  de la obra!».

LUSCINDA   *(Simulando confundirse, ahora como John*
                  RICE, *al ver que alguien del «Público» le lla-
                  ma.)* Y yo os…, yo…

EL BARBERO   *(Igual que antes, a John* RICE.*)* ¡Por favor,
                  acercaos! ¡Quiero deciros algo! ¡Os lo su-
                  plico, acercaos…!

(Pausa. Los actores semejan confundirse. A partir de ahora, John RICE *hará de John* RICE *—o sea, de sí mismo— en la propia obra.* RICE, *aparentando confusión, se acerca disimuladamente a El Barbero. Comentarios del Público, que no sabe cómo tomarse esta aparente interrupción.)*

RICE   *(En voz baja.)* ¿Qué queréis? ¡Estamos representando una obra de Shakespeare!

EL BARBERO   ¡Lo sé, lo sé, perdonadme! ¿Cómo os llamáis?

RICE   John Rice.

EL BARBERO   Señor Rice, yo soy maese Nicholas, barbero de un pueblo cercano a Londres. ¡Perdonad que os interrumpa, pero necesito vuestra ayuda cuanto antes!

RICE   ¡Señor, estamos delante del público!

EL BARBERO   Lo sé, lo sé… Pero era necesario que os hablara ahora mismo, porque mi amigo Miguel Will va a llegar de un momento a otro…

RICE   ¿Qué amigo?

EL BARBERO   Os lo contaré en privado. ¿Podéis hacer mutis con cualquier excusa? *(Enseñándole dinero.)* Os pagaré bien.

RICE

¡Cuánto dinero! ¡Sois más rico afeitando barbas que yo interpretando a Shakespeare!

(*Risas del Público, que ahora parece comprender la farsa.*)

EL BARBERO

¡Lo hago por mi amigo! ¡Podré daros más si queréis, pero haced mutis y conversemos en privado! ¡Rápido!

DON ÁLVARO

(*O más bien John* LOWIN *haciendo de John* LOWIN *haciendo de Don Álvaro. A* RICE, *impaciente. Carraspea.*) Luscinda, hija…

RICE

(*A El Barbero.*) De acuerdo. Dejad que disimule. Todavía me quedaba una escena muy larga. Inventaré cualquier excusa. Menos mal que los grandes actores sabemos improvisar. (*A los personajes de Cardenio y Don Álvaro. Hablando con rapidez.*) ¡Oh, Cardenio: mis palabras están en mi corazón! ¡Léelas! Ahora mismo vengo.

(*Hace una reverencia y sale. El Barbero sube al escenario y sale detrás de* RICE.)

EL BARBERO

(*Mientras sale, a los personajes de Don Álvaro y Cardenio.*) Hola.

(*Sale. Pausa.* LOWIN *y* COOKE *parecen estupefactos. Se miran entre sí, aparentando no saber cómo continuar. Comentarios del Público:* «Pero ¿esto es de la obra?». «Sí. Están

actuando». «¡Qué obra más rara!». «¡Ssshhh!».
A partir de ahora hacen de ellos mismos, fin-
giendo que disimulan frente al Público. Esta
actuación se hará ostensible, exagerada, para
hacer saber que es parte de la obra.

COOKE   (*En voz baja, a* LOWIN.) ¿Qué le ha pasado
         a Rice?

LOWIN   (*Igual.*) No lo sé.

COOKE   (*Igual.*) Hay que improvisar. El público está
         mirando.

LOWIN   (*Igual.*) De acuerdo. (*Risas del Público. Pau-*
         sa. LOWIN *sonríe a* COOKE *y habla como Don*
         Álvaro, pero en un tono campechano.) ¡Bue-
         no, Cardenio, así que te casas…! (*Pausa.*
         Aparenta que no se le ocurre más nada. Son-
         ríe. En igual tono campechano.) ¡Vaya, vaya,
         vaya…! (*Pausa. Aparentando nerviosismo.*
         En voz baja a COOKE.) No se me ocurre nada.

COOKE   (*Igual.*) A mí tampoco.

LOWIN   (*Igual.*) Es natural. No somos Shakespeare.

         (*Risas del Público.*)

COOKE   (*Igual.*) Coge los versos del final y vámo-
         nos. No podemos hacer otra cosa.

LOWIN   (*Igual.*) De acuerdo. (*Recitando como Don
          Álvaro.*)
          ...eh..., y conformado todo por mis
                                    [bendiciones,
          de nuevo te deseo suerte en tu reciente
                                       [empresa
          de servir al noble duque Ricardo.

COOKE   (*Como Cardenio.*) Gracias, señor. Espero ser-
          viros también a vos al servir al duque.

          (*Suena una fanfarria y salen* LOWIN *y* COOKE.
          *Risas y aplauso del Público. Comentarios: «¡Qué
          obra tan original!». «¡A mí me gusta!». «Pero
          ¿esto es la obra?». Música de danza. El esce-
          nario queda vacío un momento. Entran, por el
          pasillo del Público, John* HEMINGE *como San-
          cho Panza y William* SHAKESPEARE *como Mi-
          guel Will.* HEMINGE *viste un traje de campesi-
          no normal de la época isabelina, «moderno»,
          por lo tanto.* SHAKESPEARE *no está disfrazado:
          tan solo lleva el bacín en la cabeza. Se aprecia
          su rostro pálido, ojeroso, como si se hallara en-
          fermo. La diferencia prosa-verso en el recitado
          de ambos ya no existe: los dos hablan en pro-
          sa, sin «actuar», como hablan* HEMINGE *y* SHA-
          KESPEARE.*)

SANCHO P. (*Al Público, mientras avanzan hacia la prime-
          ra fila.*) ¡Servir a un loco se me figura que es
          compartir el peor trozo de su locura: el de las
          puñadas, golpes y otras desgracias! Labriego

soy y vecino de este caballero, (*Señala a Miguel Will.*) dos grandes pecados, a lo que se ve, que ahora pago con creces, pues el tal caballero, que es escritor por más señas, dice haber escrito todas las obras de teatro que pueden verse en un escenario, y a mí me ha hecho su público más para desgracia mía que para beneficio suyo. ¡Ay de mí! ¡Le he visto cometer mil locuras! ¡Llevamos meses recorriendo todos los teatros de Londres sin descanso…! ¡Hemos sido engañados, insultados, apaleados…! ¡Hoy hemos venido aquí, al Teatro de El Globo, en este día de junio de 1612, para ver una nueva obra llamada Cardenio que mi amo, Don Miguel Will, asegura que él ha escrito, aunque la gente dice que es de un tal Shakespeare. ¿Y qué querrá ahora? ¡Nada bueno augura esa mirada! ¿Y por qué le sigo? ¡Porque me ha prometido que si aplaudo todas sus obras, compartiré los beneficios de la recaudación! Y si obtengo el consuelo de la recaudación, ¡bien puedo aplaudirle de aquí al final de mis días, si él quiere! Pero le preguntaré. (*A Miguel Will.*) Tenga a bien vuesa merced responderme a una pregunta.

MIGUEL WILL ¿Cuál, Sancho?

SANCHO P. ¿Debemos ver también esta obra, igual que las ya vistas en días pasados?

MIGUEL WILL Así es, Sancho, amigo.

SANCHO P.   ¡Pero mire vuesa merced que esto de ser público no se ha hecho para un servidor, que mejor me siento trabajando la tierra que no viendo obras de teatro y aplaudiéndolas!

MIGUEL WILL   No equivoques mis intenciones, Sancho, que he venido a ver esta obra con un claro propósito, y es el de acabar una hazaña tal, que con ella acabe también de inmortalizar mi fama de escritor.

SANCHO P.   ¿Y es de mucho peligro la tal hazaña?

MIGUEL WILL   Dependerá de la fortuna, Sancho, como todo. Pero no será más peligrosa que las que ya llevamos realizadas hasta la fecha.

SANCHO P.   Que sepa vuesa merced que eso no me tranquiliza nada. ¡Y aun me daría con un canto en los dientes si fuera menos peligrosa!

PÚBLICO   «Pero ¿y esto qué es?». «¡El actor del bacín es Shakespeare!». «¡Ssshh!». «Pero ¿esto también es la obra?». «¡Calla! ¡Yo qué sé!».

MIGUEL WILL   Atiende, pues he de explicártela. En numerosas ocasiones te he dicho, Sancho, que todo escritor tiene su modelo y espejo en ese autor español llamado Cervantes, y que quien más le imite, más cerca estará de la perfección literaria. Es así, que una de las novelas en que este autor mostró más prudencia, juicio e ingenio, fue en la que escribió sobre un loco caballero andante. Pues bien: imitarle he querido con esta obra que hoy venimos a ver, y que inspirada está en algunos capítulos de su novela…

SANCHO P.   Pero mire vuesa merced, señor Miguel Will, que la gente dice que la tal obra está escrita por un caballero llamado Shakespeare, no por vos.

MIGUEL WILL   Ya te he dicho otras veces, Sancho, que todo lo que gobierna el mundo del escritor de teatro es encantamento: vanas sombras, endriagos, trasgos, fantasmas que pronuncian parlamentos y muertos que resucitan en escena. No te asombre que por medio de tales encantamentos el mencionado Shakespeare haya trocado su nombre con el mío, y él ni siquiera exista.

SANCHO P.   ¡Gran maravilla sería esa de que no existiera! Pues a fe que con estos ojos que se han de comer la tierra, que he visto en otras ocasiones obras del tal Shakespeare, y que no es esta ni la primera ni la última que veré.

              (*Risas del Público.*)

MIGUEL WILL   Sea como fuere, Sancho, te digo que yo soy el autor de esta obra. (*Entran por el biombo John* RICE *como Luscinda, con un velo, y El Barbero con una barba postiza.*) Y calla, porque ya entran dos de los personajes. Vamos a sentarnos, y cumple bien tu función de espectador y público, que yo sabré cumplirla como autor que soy, y de los más grandes que ha visto ni verá la Literatura…

SANCHO P.   Bien puede vuesa merced hacer de autor, que yo haré de público y aplaudiré como vos gustéis, con tal de que al final sea mía parte de la recaudación.

(*Miguel Will y Sancho Panza ocupan las dos sillas de madera de la primera fila.*)

PÚBLICO   «¡Qué obra más rara!». (*Enfadado.*) «¡El público somos nosotros, no ellos!». «¡Un actor hace de público y el otro de autor de la obra!». «¡Sssshhh!».

EL BARBERO   (*En voz baja, a* RICE.) Entonces ¿estáis de acuerdo en ayudarme?

RICE   (*Igual.*) Haré lo que pueda. (*Mirando al Público. En voz baja a El Barbero.*) ¿Quién es vuestro amigo?

EL BARBERO   (*Igual.*) Ese caballero de la primera fila. El del bacín en la cabeza.

RICE   (*Igual.*) Ya lo veo. ¿Está loco de verdad?

EL BARBERO   (*Igual.*) Completamente. Ya os he dicho que es un pobre hombre que vive en Stratford y se llama Will, pero se hace llamar Don Miguel Will. Enloqueció viendo obras teatrales, y ahora se cree el autor de todas. Y yo, que soy su vecino y amigo, he trazado este plan para que regrese a su pueblo y abandone su locura sin recurrir a la fuerza.

RICE   (*Igual.*) Repetidme el plan; ¿qué he de hacer?

EL BARBERO   (*Igual.*) Fingiréis ser Luscinda, el personaje que interpretáis en esta misma obra, y recitaréis los versos que os he dicho, a ver si nuestro amigo muerde el anzuelo. Yo os aguardaré aquí (*Señala un lugar cerca del biombo.*) por si es precisa mi ayuda. Con esta barba postiza no me reconocerá. Cuando le convenzáis de que regrese al pueblo, podréis seguir, vos y vuestra compañía, representando esta obra sin más interrupciones…

RICE   De acuerdo.

(*Se adelanta al proscenio mientras El Barbero permanece detrás, cerca del biombo.*)

PÚBLICO   «Yo no entiendo nada…». «Es la obra más rara que…». «Pero ¿ha empezado ya la obra?». «¡Sssshh!».

MIGUEL WILL   (*Sentado en la primera fila, a Sancho.*) Paréceme, Sancho, que esta dama está afligida.

SANCHO P.   Vos lo sabréis mejor, que sois el autor de la
              obra. Pero aquiétese vuesa merced que no es
              una dama, sino un actor que hace de mujer.

RICE   (*Se arrodilla y pronuncia estos versos hacia el
              Público con la voz de Luscinda –el actor debe
              hacerlo muy en serio, como una auténtica
              dama afligida–.*)
              ¡Oh, verdadero autor de este romance,
              no hagáis por alzarme de donde me hallo
              hasta que vuestra bondad y cortesía
              favorezcan a este vuestro humilde personaje
              en una empresa que redundará en favor
                                          [vuestro
              y beneficio de la más agraviada de las obras
              escritas por el ingenioso Miguel Will!

MIGUEL WILL   (*Levantándose.*) ¡Voto a tal, Sancho, que me
              habla a mí!

SANCHO P.   ¡Sentaos, vuesa merced, que no es a vos a
              quien habla, que es al público!

MIGUEL WILL   ¡Cómo así, si me ha mencionado!

SANCHO P.   ¡Pero mire vuesa merced que es un actor,
              no un personaje! ¡Habla lo que otro ha es-
              crito que hable!

MIGUEL WILL   (*Con el semblante enloquecido.*) Eso piensas
              tú, Sancho, porque eres el público. Pero los
              autores bien sabemos que el actor no exis-
              te, solo el personaje, y que el primero es

121

producto del encantamento que gobierna nuestro oficio. (*Avanza hacia el escenario.*) Sea como fuere, voy a averiguarlo. Ahí voy, y si mi ingenio y la fuerza de mi pluma pueden desfazer el agravio fecho a esta obra, aun tenga que reescribilla, voto a tal que lo haré.

(*Sube al escenario.*)

PÚBLICO   «Pero, ese del bacín, ¿quién es?». «Shakespeare». «No, Miguel Will». «Yo no entiendo nada». «¡Sssshh!».

EL BARBERO   (*Aparte.*) ¡Ha caído en la trampa!

SANCHO P.   (*Aparte.*) ¡Ay, que veo a mi señor autor metido otra vez en dificultades!

MIGUEL WILL   (*En el escenario, hablando con extraordinaria dulzura a* RICE.) Que vuestra fermosura se levante, pues yo soy el autor al que pedís ayuda, y os la concederé si no va en mengua de mi personaje más querido, mi profesión o mis propias obras.

RICE   (*Levantándose y aceptando la mano de Miguel Will, mientras habla como Luscinda.*) No va en mengua de nada de lo que decís, sino en mayor gloria de vuestra persona.

(*Se alza el velo.*)

Veisme aquí, humilde personaje vuestro
y de este maltratado drama. Sabed, ¡oh,
                              [excelso autor!,
que en el pueblo de Stratford vive un
escritorzuelo
llamado Shakespeare que asegura ser el autor
de esta obra en vez de vos, lo que nos agravia
a todos los que en ella figuramos.
Os pido que vayáis a ese pueblo
y matéis al fementido escritorzuelo
que así intenta usurpar vuestra fama,
ocupando vos su lugar, como es justicia.
Y os pido que, en haciendo esto,
ya en el pueblo, dejéis descansar vuestra
pluma y no escribáis más. Dedicaos
a gozar del bien merecido éxito
que todas vuestras obras os han
deparado. ¿Me lo juráis?

(*Miguel Will la contempla en silencio. Después parece reflexionar.*)

EL BARBERO   (*Aparte.*) ¡Ojalá tenga éxito el truco!

SANCHO P.   (*Aparte.*) ¡Si no lo veo, no lo creo! ¡Hete aquí
a mi señor autor Don Miguel Will hablando
de verdad con un personaje! ¿Será cierto, entonces, que yo soy su público? Y en tal verdad, en obedeciendo lo que el autor quiere, ¿conseguiré beneficios recaudatorios?
(*Aplaudiendo entusiasmado.*) ¡Bravo! ¡Bravo! ¡Es la mejor obra que he visto en mi

vida! (*A Miguel Will.*) ¡Mi señor: mirad de hacer lo que os dice vuestro personaje, que mal está que un autor no obedezca a las creaturas de su cabeza! (*Aplaude.*) ¡Bravo! ¡Bravo...!

PÚBLICO   (*Algunos aplauden, otros no.*) «¿Qué hace ese idiota aplaudiendo?». «¡Es uno de los actores!». «Entonces ¿por qué aplaude?». «¡Sssshhh!».

COOKE   (*Nervioso.*) Damas y caballeros: tened la bondad de permanecer en vuestros asientos. Uno de los actores ha sufrido... un pequeño percance..., pero en cuanto se recupere, la obra continuará sin problemas... Gracias.

(*Se retira al escenario en penumbra y ayuda a sacar el cuerpo de* SHAKESPEARE. *En ese momento entra, por el pasillo del Público, Richard* BURBAGE. *Viene sin disfraz. Sube al escenario con agilidad mientras dice:*)

BURBAGE   (*A los actores.*) ¡Eh, seguiré!

HEMINGE   ¿Te sabes el papel?

BURBAGE   Sí, ¡dame el bacín!

(BURBAGE *se pone el bacín en la cabeza. El escenario vuelve a iluminarse, suena la música dulce de antes y aparece* BURBAGE *como Miguel Will ofreciendo el brazo a* RICE *y dirigiéndose*

*al foro y en el punto en que fue interrumpida
la escena. El cuerpo de* SHAKESPEARE *ya no está.*)

HEMINGE   (*Mientras regresa a su asiento de primera fila.
Al Público –y al «Público»–, muy animado.*)
¡Damas y caballeros, la obra continúa!

(BURBAGE *y* RICE *siguen avanzando hacia el
foro lentamente. La música prosigue.*)

Oscuro.

Cuadro sexto.
Que trata del triste fin que tuvo la obra «Cardenio», con otros sucesos dignos de mención.

Casa de SHAKESPEARE *en Stratford. La chimenea está encendida, pero sus llamas ahora son débiles. En el suelo, junto al escritorio, el bacín del principio de la obra.* SHAKESPEARE *no está. Entran Richard* BURBAGE *y John* FLETCHER, *este último con un manuscrito bajo el brazo y un pergamino con el sello real.*

FLETCHER   Pero ¿cómo pudisteis hacerlo?

BURBAGE   Me había aprendido el papel sin decirle nada.

FLETCHER   Pero ¿por qué lo hicisteis? Es lo que no entiendo. Él no se había preocupado para nada de vos. Al final, incluso, os despidió de la obra. Solo le importaba ese ridículo personaje… que ha sido, a fin de cuentas, el culpable de lo sucedido…

BURBAGE   Ya lo sé. Pero ¡qué queréis! Soy actor, maese Fletcher, ¡actor! Uno de sus mejores actores. Y cuando vi que se desmayaba, comprendí que su personaje moriría si yo no continuaba dándole vida. Los demás compañeros acudieron a ayudarle a él. Yo fui el único que acudió a socorrer a su personaje, que agonizaba. Le presté mi cuerpo, le otorgué mi voz y siguió existiendo. Y la obra pudo terminar.

FLETCHER   Sí, la obra pudo terminar... y el problema comenzó.

(*Le muestra el pergamino.*)

BURBAGE   Sí, es cierto. Os repito que, si hay algún culpable, ese soy yo.

FLETCHER   ¡Oh!, no creáis que os censuro. Hicisteis muy bien como actor. Él fue quien hizo mal como autor. No es culpa vuestra, y todo Londres lo sabe. En fin... Al menos podemos alegrarnos de que, según me habéis contado, se está restableciendo. ¿Qué pudo ocurrirle?

BURBAGE   Al parecer, fue un desmayo producido por el agotamiento; llevaba semanas obsesionado, intentando darle forma a ese maldito personaje... sin dormir, sin comer apenas... Sus criados dicen que a veces deliraba. Yo mismo lo vi durante uno de sus ataques, y pensé que se había vuelto loco. Ha seguido delirando durante todos estos días, como ya sabéis. Pero ayer despertó por fin.

FLETCHER   ¿Lo ha visto algún médico?

BURBAGE

Su yerno, que es médico, le ha estado tratando. Y la verdad es que se ha curado de sus delirios. Pero no creáis: me contaron que Will abrió un ojo, vio a su yerno y le dijo: «¡Ah!, estáis esperando que muera para heredar». Y se curó.

(*Ríen.*)

FLETCHER

Según eso, los mejores médicos son los yernos; será una forma de compensar el que los suegros sean la peor enfermedad. (FLETCHER *se ríe tontamente de su broma, pero* BURBAGE *no le acompaña. Pausa.*) En cuanto a la obra…

(*Hace un gesto de resignación.*)

BURBAGE

Un fracaso rotundo, sí. (*Breve pausa. Con cierta amargura.*) El público nos perdonó únicamente porque temían que Will se hubiera vuelto loco. (*Se interrumpe. Acaba de tener una idea extraña.*) Es curioso, pero ahora pienso que al final consiguió lo que quería, la gente se rio de su locura, pero le escuchó con seriedad.

FLETCHER

¿Sabe algo ya? Sobre la fortuna de la obra, me refiero…

BURBAGE

No, no hemos podido decírselo.

FLETCHER

Así pues, va a enterarse a la vez de todo…

JOSE CARLOS SOMOZA

BURBAGE	(*Reflexiona.*) Creo que primero debemos hablarle de esto.
	(*Señala el pergamino.*)
FLETCHER	De acuerdo. (*Entra William* SHAKESPEARE *conducido por John* HEMINGE. SHAKESPEARE *viene como al principio de la obra: ojeroso, pálido, apoyándose en* HEMINGE *y en un bastón. Durante el diálogo siguiente,* HEMINGE *ayudará a* SHAKESPEARE *a sentarse frente al escritorio y le colocará una manta sobre las piernas. Al acabar, parecerá el* SHAKESPEARE *del Prólogo: dormitando, pero estremeciéndose con escalofríos. Viéndolo. A* BURBAGE, *en voz baja.*) Ahí lo traen.
BURBAGE	Veremos si hoy es posible decirle algo.
FLETCHER	Vos le conocéis mejor que yo. ¿Creéis que es conveniente contárselo todo hoy?
BURBAGE	Sí.
FLETCHER	No le va a gustar.
BURBAGE	Ha recibido peores noticias en su vida.
	(*Pausa. Contempla cómo* HEMINGE *ayuda a* SHAKESPEARE *a sentarse.*)
FLETCHER	Habladle vos, que sois amigo suyo… y además sois actor.

(*Sonríe.*)

BURBAGE   (*Lo piensa un momento.*) No. Entonces, vos.

FLETCHER   ¿Por qué?

BURBAGE   Porque no sabéis actuar… y no sois amigo suyo. (FLETCHER *se ofende un poco. Mientras tanto,* SHAKESPEARE *ya se halla recostado, como dormitando.* HEMINGE *se reúne con el grupo. A* HEMINGE.) ¿Cómo está?

HEMINGE   Mejor. Ya no dice tonterías. (*Recapacita.*) Bueno, ya dice las de siempre.

BURBAGE   ¿Le has contado algo?

HEMINGE   (*En voz baja.*) Tan solo que la obra pudo terminarse gracias a ti…

(*En ese momento,* SHAKESPEARE *se despierta bruscamente, como en el Prólogo, tiene un impulso y coge la pluma para empezar a escribir.*)

FLETCHER   (*Advirtiéndolo.*) ¡Mirad al maestro! Se ha despertado. Va a escribir, no le interrumpamos ahora…

BURBAGE   ¿Será capaz de inspirarse en algo, tal como se encuentra?

FLETCHER   ¡Un genio como él es capaz de todo! Conozco bien su grandeza. Ya veréis con qué facilidad fluye desde su interior lo mejor de sí mismo... Cuando coge la pluma, no la suelta hasta haberla secado.

(*De repente,* Shakespeare *abandona la pluma, coge el bacín del suelo y se lleva la mano a la bragueta. Por un momento, contempla el bacín, indeciso, pero entonces se lo acerca al vientre y se oye un recio sonido líquido contra el metal. La meada es larga y alivia considerablemente a* Shakespeare.)

BURBAGE (*A* Fletcher, *irónico.*) Ya veo con qué facilidad fluye desde su interior lo mejor de sí mismo. (*Igual.*) Y yo confío en que no suelte la pluma hasta haberla secado.

(Shakespeare, *con expresión de beatitud en el rostro, deja el bacín en el suelo.*)

BURBAGE Hablémosle ahora. (*Se acerca.*) ¿Cómo estás, Will?

SHAKESPEARE (*Sonríe. Pausa. Hablando con lentitud.*) Hola, Dick. Acabo de comprobar algo terrible: orinar cuando se tienen ganas alivia más que terminar una obra. Y sin embargo, el sufrimiento que causan las ganas de orinar es mucho menor que el que sentimos al escribir.

HEMINGE Te lo concedo, pero ¿qué me dices del estreñimiento?

SHAKESPEARE (*Sonríe.*) Sí… Eso sí es cierto, (*Breve pausa.*) Hola, Heminge.

HEMINGE Hola, Will. Nos alegramos de que te encuentres mejor.

SHAKESPEARE Al lado de los amigos es difícil encontrarse mal. (*Reflexiona.*) Cosa que no se puede decir de los personajes. (*Pausa. Sonríe.*) Sé que he estado delirando en estos últimos días… ¿He dicho muchas necedades? No recuerdo nada.

BURBAGE (*Tras breve pausa.*) Pues…

HEMINGE Bueno…

BURBAGE Seguías interpretando tu papel. Te creías Miguel Will.

HEMINGE Decías que con tu pluma matarías a todos los gigantes. ¡Y pardiez que lo decías como si pudieras hacerlo!

SHAKESPEARE (*Se ríe.*) ¡Es necesario estar loco para escribir bien y para actuar bien! (*Reflexiona.*) Para hacer las cosas bien, es necesario enloquecer. (*A* BURBAGE. *Con una gratitud casi infantil.*) Dick, mi querido Dick: tú también enloqueciste. Heminge me lo ha contado todo. No he tenido oportunidad de agradecerte tu locura…

BURBAGE   Me limité a seguir moviendo unos hilos que tú habías dejado caer al suelo, Will…

SHAKESPEARE   Te he tratado muy mal, lo reconozco. No te he respetado como persona, como actor. Vivía demasiado en el mundo de mis propias creaciones, y al mirarte, al miraros a todos… os veía como si os hubiera construido.

BURBAGE   (*Muy serio.*) Y en parte ha sido así, Will.

HEMINGE   (*Con emoción.*) Si nosotros somos célebres algún día, Will, será porque hemos encarnado a tus personajes…

SHAKESPEARE   (*Afectuoso. A* HEMINGE.) Mi querido Sancho… digo… (*Se da cuenta de su «lapsus». Los tres ríen.*) Mis queridos amigos, otra vez juntos. (*Advirtiendo a* FLETCHER. *Sin reconocerle al principio.*) ¿Y quién es este caballero que os acompaña? (*Asombrado, equivocándose.*) ¡Miguel de Cervantes!

FLETCHER   ¡Oh, maestro, no llego a tanto! Pero os agradezco el elogio. Soy Fletcher, maestro, vuestro humilde colaborador. ¿No me reconocéis?

SHAKESPEARE   ¡Claro que sí, amigo mío! Siento mi torpeza. ¿Y qué papeles lleváis bajo el brazo? ¿Una nueva obra?

FLETCHER   (*Turbado.*) Pues…

BURBAGE   (*Igual.*) Eh…

FLETCHER   (*Tras breve pausa, le muestra el pergamino
               a* SHAKESPEARE.) ¡Os vengo a traer buenas
               noticias!

               (BURBAGE y HEMINGE *lo miran con extrañeza.*)

SHAKESPEARE   (*Observando el pergamino.*) ¿Qué es eso?
               ¡Lleva el sello del rey!

FLETCHER   Así es. Su Majestad, sabiendo que os halla-
               bais enfermo, se ha interesado por vos. (*Ani-
               mándole.*) Le importáis mucho. Eh… (*A* BUR-
               BAGE, *entregándole el manuscrito.*) Sostened-
               me esto un momento. (*Abre el pergamino. A*
               SHAKESPEARE.) Veréis qué palabras tan ama-
               bles. (*Lee.*) «Distinguido amigo…, bla, bla,
               bla…, ruego que al recibo de la presente…,
               bla, bla…, hayáis obtenido alivio en la en-
               fermedad que os aqueja…, bla, bla, bla…».

SHAKESPEARE   (*Interrumpiéndole, fastidiado.*) Tengo una
               idea, Fletcher: leedme solo los «blablablás».
               Me enteraré igual de la carta y la podré es-
               cuchar con más comodidad.

               (HEMINGE y BURBAGE *ríen, nerviosos.*)

FLETCHER   (*Vacilando, mira a* BURBAGE y a HEMINGE.)
               Bueno… Al final hay una posdata…, ape-
               nas una bagatela, después de tantos elogios
               como os dedica…

SHAKESPEARE   Acabad de una vez.

FLETCHER   Os recomienda que… acortéis un poco el *Cardenio* .

SHAKESPEARE   (*Con dureza.*) Acortad vos vuestros circunloquios, Fletcher. Os parecéis demasiado a vuestros personajes.

(BURBAGE y HEMINGE *ríen otra vez.*)

FLETCHER   (*Ofendido. En venganza.*) Bueno, pues os ordena que suprimáis de la obra al caballero bufón, so pena de ser arrestado. Y *Cardenio* podrá seguir representándose, pero sin ese personaje.

BURBAGE   Su Majestad cree que te burlas de él con el caballero bufón. Y así piensa gran parte de sus consejeros.

SHAKESPEARE   (*Tras breve pausa. Ríe.*) Los reyes pueden, y suelen, enfrentarse a seres de carne y hueso, pero mal se las entienden con los de papel. (*Optimista.*) Bueno, bueno… No importa. El público es el único juez de un artista, y sé que no me ha abandonado… (*Breve pausa.* HEMINGE, BURBAGE y FLETCHER *se miran entre sí.* SHAKESPEARE *lo percibe.*) ¿Qué ocurre?

BURBAGE   (*Tras una pausa. Con dificultad.*) La obra no ha podido representarse más.

SHAKESPEARE (*Asombrado, pero sin comprender la verdadera causa.*) ¿Qué? ¡Hasta ese punto se ha atrevido el rey...! ¿Ha censurado mi *Cardenio..?*. ¿Ha cerrado el teatro quizás...? (*Pausa. Nadie se atreve a hablar.*) Hablad de una vez.

FLETCHER (*Que sigue ofendido. Con dureza.*) ¿Por qué no decirlo, maeses? (*A* SHAKESPEARE, *con ironía disimulada.*) El público ha sido tan inculto esta vez que... solo vuestro desmayo impidió que quemasen el teatro... con los actores dentro.

(*Pausa.* SHAKESPEARE *parece aturdido, pero poco a poco adopta el semblante de amargura que ya persistirá, aunque sonría, hasta el final de la obra.*)

BURBAGE (*Incómodo.*) Bueno, maese Fletcher, os habéis expresado un poco... Yo diría que ha sido un fracasillo. Un lunar diminuto en una carrera impecable.

HEMINGE (*Animoso.*) La gente te ha perdonado, Will. Espera con ansiedad tu próximo estreno. Comprenden que con esta obra ha habido problemas, y...

FLETCHER (*Con crudeza.*) ¡Oh, maeses!, no le pongáis paños calientes al maestro, su genio está por encima de las críticas. Lo importante es que hizo lo que quiso hacer. Escribió y representó su obra como le pareció, según su recto entender, y eso es muy respetable. ¿Qué importancia puede tener que haya sido un fracaso tan estrepitoso? ¿Qué puede importarle al maestro que un grupo de fanáticos quisiera apedrear a los actores al final, y la emprendiera incluso con el bacín, que, dicho sea de paso, ha quedado destrozado? ¡Oh, puedo aseguraros que al maestro ni le rozan esos acontecimientos! La incomprensión de la gente es leña seca para el fuego creador de un genio. (*Breve pausa. Satisfecho del efecto que causaron en* SHAKESPEARE *sus palabras.*) Por otra parte, maestro, es cierto que aquí pusisteis a prueba la paciencia del público... Ese extraño experimento con un personaje que erais vos mismo y que a la vez no lo erais, en fin... La gente no se enteraba de nada. (*Sonríe. Con intención.*) Yo os dije un día que no hurgarais mucho en el papel, ¿recordáis, maestro? Les habéis arrojado flores muy sutiles a los cerdos..., y los cerdos no han dejado ni el perfume.

(*Pausa.*)

BURBAGE   (*Alentador.*) Pero todo se puede remediar si aceptas suprimir a tu personaje del caballero bufón, Will...

HEMINGE   (*Igual a* SHAKESPEARE.) En parte, maese Fletcher tiene razón. El público no comprende...

una creación tan especial como esa. ¡Págales con la misma moneda, Will! Demuéstrales que tu obra sigue siendo buena sin ese personaje.

(*Pausa. Todos están pendientes de la decisión de* SHAKESPEARE.)

SHAKESPEARE   (*Intentando hablar con naturalidad.*) Bien… Si para complacer a Su Majestad y a mi público tengo que cortarle la cabeza a Miguel Will, pues… (*Pausa. Contempla el bacín en el suelo.*) cortémosle la cabeza a Miguel Will. (*El alivio de* HEMINGE, BURBAGE *y* FLETCHER *es ostensible.*) Suprimiremos el personaje, y el de Sancho también. Conservaremos la historia de Cardenio. (*Nuevo alivio de los ya citados.*) Reformaré la obra en cuanto pueda…

FLETCHER   No será preciso, maestro. (*A* BURBAGE, *cogiendo el manuscrito.*) Tened la bondad… (*Depositando el manuscrito sobre la mesa. A* SHAKESPEARE.) Aquí está el *Cardenio* modificado. Me he ocupado yo mientras vos estabais enfermo, para no retrasar más su nuevo estreno y no sobrecargaros con esa responsabilidad en vuestra convalecencia… (*Se detiene y anuncia como una gran noticia.*) Su Majestad ha prometido que se estrenará en el teatro de la corte: quiere verla personalmente.

HEMINGE   ¡Y eso significará mucho dinero, Will!

BURBAGE   Y gran prestigio.

SHAKESPEARE   (*Tras breve pausa.*) Sí. Una gran recaudación. (*A* FLETCHER.) Mil gracias, amigo Fletcher. Como siempre, puedo confiar en vos. Creo que... a partir de ahora, confiaré siempre en vos. (FLETCHER *se muestra reverencial.*) Y decidme, ¿ya están en marcha los ensayos? ¿Ya se han distribuido los libretos?

FLETCHER   Todo está preparado ya, maestro.

BURBAGE   Nosotros estamos ensayando.

FLETCHER   No tendréis que molestaros en actuar ni en dirigir. Yo me ocuparé de todo. Será maravilloso. Ya veo los carteles: (*Fantaseando con el anuncio de la obra.*) «*Cardenio*, de William Shakespeare y John Fletcher. Próximo estreno en el teatro de Su Majestad». O quizás mejor «*Cardenio*, de William Shakespeare». Y abajo, en pequeño «Colaborador: John Fletcher». (*A* SHAKESPEARE.) ¿Qué os parece?

SHAKESPEARE   Ni hablar. Poned mejor «*Cardenio*, de John Fletcher». Y abajo, en letra muy pequeña y apretada, escribid: «Basada en una idea de Will Shakespeare, a su vez basada en una idea de Miguel de Cervantes...». Y apretad mucho la pluma para que el papel se rasgue al llegar a nuestros nombres. Así quedaremos tan profundos que ni siquiera nos leerán.

FLETCHER   (*Tras una pausa. Confuso con la intención
            exacta de las palabras de* SHAKESPEARE.)
            Bien... Pues... en todo caso... He respeta-
            do la mayoría de vuestros versos. Leedla.
            Os gustará.

SHAKESPEARE (*Sonríe encantadoramente.*) Lo haré. Será mi
            libro de cabecera. Me consolará en la sole-
            dad de mi casa. Gracias de nuevo, maese
            Fletcher.

FLETCHER   A vos, maestro. He de irme. (*Recordando
            algo.*) ¡Ah!, y no os olvidéis del *Enrique VIII*...

SHAKESPEARE (*Sonriendo.*) No me olvidaré.

FLETCHER   (*Satisfecho.*) Pues muy bien, adiós, señores.

            (*Sale. Pausa.* SHAKESPEARE *sigue con la son-
            risa encantadora en el rostro.*)

SHAKESPEARE (*A* HEMINGE *y* BURBAGE.) Hacedme el favor,
            amigos, dadle la vuelta a la silla y colocad-
            me mirando hacia allá.

            (*Señala la chimenea.*)

HEMINGE   Claro, Will. (*Le ayudan.* SHAKESPEARE *queda
            sentando de cara a la chimenea.*) ¿Estás más
            cómodo así?

SHAKESPEARE (*Aún sonriente.*) Estoy igual que antes. (*Co-
            giendo el manuscrito y arrojándolo al fuego.*)

141

¡Pero es que no quiero perderme ni un solo detalle del espectáculo!

BURBAGE   ¡Will...!

HEMINGE   ¡Tu obra!

SHAKESPEARE   No, la obra de Fletcher.

BURBAGE   ¡Fletcher ha escrito muy poco! ¡Suprimió tu personaje, nada más!

SHAKESPEARE   (*Feliz.*) ¡Pues, entonces, mi obra! ¡O mía y de Fletcher, da igual! Mejor dicho, lo que importa es que sea justo mi obra. No quemaré la mierda del *Enrique VIII*, como tenía pensado, porque no es mía. Y vosotros no os preocupéis, me aseguré de que ya teníais los libretos y estabais ensayando. Pero hacedme otro favor, amigos míos: si alguna vez pensáis en reunir todas mis creaciones y editarlas, quemad cualquier cosa relacionada con el *Cardenio*. No debe quedar (*Recitando de una obra suya, «La Tempestad».*) «ni un solo rastro detrás...».

HEMINGE   ¿Otra vez estás loco, Will?

SHAKESPEARE   ¡Al contrario! Ahora estoy cuerdo, y por eso quemo los libros de caballerías. Ya no escribiré más. Se acabó.

BURBAGE   ¿Y por qué?

SHAKESPEARE   (*Contemplando las llamas. Con lenta rabia.*)
Porque soy viejo y porque es imposible
crear nada más. Y porque escribir es absurdo, como cualquier otra cosa. Y porque estoy harto de hacer algo absurdo y de que
el esfuerzo nada tenga que ver con el éxito y de que todo lo gobierne el azar. Estoy
harto de ver cómo una obra escrita por un
mequetrefe lameculos como Fletcher se
convierte en la preferida del rey; y harto de
que al público le agrade la obra que menos
me agrada a mí y rechace la que me gusta
más; y harto por casualidad y ser ignorado
premeditadamente. Estoy harto de escribir,
porque escribir es como ser sonámbulo:
haces algunas cosas bien y otras mal, pero
no te enteras de nada hasta que te despier-
tas con el ruido del aplauso o el insulto. Y
al despertar, vas y dices: «¿Me aplaudís?
¿Me insultáis? ¿Y por qué? ¡Yo estaba dor-
mido! Lo único que he hecho ha sido soñar. ¿Y vos me aplaudís o me insultáis por
mi sueño? (*Con desprecio.*) ¡Dejadme soñar
en paz y no me despertéis con vuestros
aplausos o vuestros insultos!». (*Pausa. Contemplando las llamas. Recita de otra obra:*)
«¡Extínguete, extínguete, fugaz antorcha!».
¿Dónde dije eso?

BURBAGE   En *Macbeth*. (*Pausa. Por comentar algo agra-
dable.*) Esa obra sí gustó.

HEMINGE   Es que era de asesinatos. Cuando hay asesinatos, el público se entretiene mucho.

SHAKESPEARE   (*Despreciativo.*) ¡El público…! (*Breve pausa. Con amargura.*) ¡Un personaje… al que dediqué tanto esfuerzo…, por el que renuncié incluso a la cordura…!

HEMINGE   (*Intentando consolarle.*) Will… Will… No te tortures más. Un personaje, ¿qué es? No es nada. Nada.

(*Pausa.* SHAKESPEARE *sigue contemplando las llamas.*)

BURBAGE   (*A* HEMINGE.) Dejémoslo solo. No te escuchará.

(*Pausa.* SHAKESPEARE *sigue sentado, inmóvil, contemplando el fuego. Las llamas de la chimenea –y la luz de la escena– van extinguiéndose poco a poco. Aparece de pie en el proscenio, rodeada de un resplandor irreal, la figura de Miguel de Cervantes.* SHAKESPEARE, *que le da la espalda, en ningún momento se vuelve para mirarla, como si la viera dentro de su pensamiento, que es lo que realmente ocurre.*)

CERVANTES-ONÍRICO   Hola, hijo. Por si te sirve de consuelo, te diré que yo también estuve en el teatro el famoso día del estreno, y a mí sí me gustó tu obra. No te aplaudí porque soy un fantasma de tu imaginación y porque me falta una mano. Dos razones poderosas para no aplaudir, reconócelo. Pero me gustó tu original manera de tratar a mi personaje. Te lo agradezco, Will, sinceramente.

SHAKESPEARE (*Seco. Sin mirarle, contemplando aún las llamas de la chimenea.*) No hay de qué.

CERVANTES-ONÍRICO (*Intentando consolarle.*) No te culpes, hijo; lo que te ha ocurrido le sucede alguna vez a todos los buenos artistas… (*Misterioso.*) Además, no me vas a creer, pero puedo profetizarte que, dentro de quinientos años, tú y yo seremos considerados los más grandes escritores de toda la Literatura. (*Breve pausa.*) ¿Qué te parece?

SHAKESPEARE (*Tras una pausa, pronunciando muy lentamente y reuniendo toda su rabia en una frase.*) ¡Dentro de quinientos años, por mí, como si me la pica un pollo…!

(*Pausa. El* CERVANTES-ONÍRICO *se queda estupefacto mirando al público. Música de danza. El escenario se ilumina y aparecen los actores* HEMINGE, CONDELL, BURBAGE, RICE, LOWIN y COOKE *disfrazados. A ellos pueden unirse los demás personajes de la obra. Bailan la danza mientras* CONDELL *recita el «Coro final».*)

CORO FINAL ¡Hemos visto cómo el arte de nuestro autor
consigue demostrar que esta comedia
puede igual ser comedia que tragedia,
depende del ojo del espectador!
¡Por eso, oh público, no seas tan vil
como fue el público del *Cardenio*,
y si te ha gustado nuestro ingenio
merezca un gran aplauso *Miguel Will*.

Telón.

Esta primera edición de *Miguel Will*,
de Jose Carlos Somoza, terminó de imprimirse
en mayo de dos mil veinticinco,
en Madrid.